引爆朋友圈

手把手教小白做微商

李雷霆　编著

電子工業出版社
Publishing House of Electronics Industry
北京•BEIJING

内 容 简 介

很多人因为微商遇见了更好的自己。本书旨在让想做微商的人看清微商的门道，走出自己的微商之路。

全书分为7章。第1章让我们了解什么是微商，它有哪些模式，如何开始做；第2~5章是全书的精华所在，从产品选择、朋友圈运营、推广转化、服务构建这4大方向解剖微商精细化运营的全部流程；第6章介绍了小企业做微商该怎么办；第7章从用户需求的角度阐述了微商的发展趋势。

本书是一本微商运营全流程的指导书，适合所有想做微商、正在做微商和那些准备全渠道发展的电商从业人员。

图书在版编目（CIP）数据

引爆朋友圈：手把手教小白做微商 / 李雷霆编著. —北京：电子工业出版社，2016.6
ISBN 978-7-121-28802-9

Ⅰ. ①引… Ⅱ. ①李… Ⅲ. ①网络营销 Ⅳ. ①F713.36

中国版本图书馆CIP数据核字（2016）第101046号

责任编辑：董　英
印　　刷：北京捷迅佳彩印刷有限公司
装　　订：北京捷迅佳彩印刷有限公司
出版发行：电子工业出版社
　　　　　北京市海淀区万寿路173信箱　　　　邮编：100036
开　　本：720×1000　1/16　　印张：14　　字数：188千字
版　　次：2016年6月第1版
印　　次：2020年3月第14次印刷
定　　价：45.00元

凡所购买电子工业出版社图书有缺损问题，请向购买书店调换。若书店售缺，请与本社发行部联系，联系及邮购电话：（010）88254888，88258888。

质量投诉请发邮件至zlts@phei.com.cn，盗版侵权举报请发邮件至dbqq@phei.com.cn。

本书咨询联系方式：010-51260888-819，faq@phei.com.cn。

序

市面上的微商书籍有很多，大部分都介绍微信或者QQ上是如何玩的，然后附带一些营销的技巧，还有简要的甚至过时的推广方法，整本书看上去内容比较多，但实际上，看了以后，对于读者如何操作，并没有多大用处。微商也就是2013年开始出现，2014年爆发，2015年调整，2016年走上正轨。目前市场上微商方面的很多书籍，已经不适合当下。

我从事微商好多年，经历了微商最初招代理模式的爆发式发展，又经历了2015年5月份断崖式的下滑，及三级分销招代理模式的热潮，到媒体及自媒体们都不看好微商，基本切身体会了微商演变的整个流程。现在微商算是步入了正轨，那种赚一票就走的招代理模式，已经没有几家了，转变到现在一些真正想以卖货为主的企业开始进入微商，他们有的跟微商城合作，有的直接用微信和QQ来收集粉丝，通过淘宝来成交。很多从事微商的代理，他们也因为招代理模式的困难，一部分直接死掉，另一部分也开始转做零售。

虽然微商走上了正轨，进入了一个以服务用户为主导的商业时代，但如何做好微商，相信还是有很多人不清楚，做起来有心无力。我本人从事营销八九年，做过线下推销、线上B2B、淘宝，以及现在的微商。因为经常写文章，需要对行业本身有所了解，所以，微商从最初到现在的演变都非常清楚，而且也经历了每一次演变。结合自身对行业的观察及个人对于营销、客户服务的理解，还有通过与大量微商人群的接触沟通，更能了解微商是怎么做的。

对于大部分人来说，微商就几个关键点，**首先是微商模式**，微商到底要怎么做？也就是自己要做的微商是什么样子的，只有了解了微商现在所处的环境，还有各种微商模式的优缺点，才能够找出更适合自己的模式，这个算是战略上的选择，只有方向对了，并且是适合自己发展的方向，那未来才有可能做好。如果方向都选择错误那就不好办了，正如有句话所说的那样："方向错了，停止就是进步。"

方向选好之后，然后就是**具体的战术方面**了，对于个人代理来说，就是如何选择产品，如何加好友，如何最终成交。网上有很多这方面的资料，一些微商方面的书籍里也都有讲解一些推广的方法，自己的上家也都会给一些培训，但具体去做的时候，往往还是有很多问题。对于微商代理来说，首先自己要明白加好友及成交顾客最根本的原理，明白这些之后再去找相应的具体方法，这样才能够更好地结合自己的产品来操作。

其次对于企业来说，就是**如何招募代理，如何培训代理、管理代理**。虽然有些模式是企业自己直接做零售，这点就跟上面介绍的个人代理战术方面比较相似了，但大多数企业的想法是通过招募代理来对企业做一个比较好的宣传，进而更大程度地增加自己产品的销量，这里就要谈到如何招募代理，还有如何培训代理。我们的目标既然是零售，那招来的代理他们要做的就是零售，如何做呢？这往往就需要企业对于个人代理进行培训，因此企业本身要懂销售，同时要能够教会代理做销售。然后就是代理的招募，这点其实也就相当于卖一个机会给别人，这个机会也是一个产品，因此也要懂得包装，同时也要添加到目标购买人群，再去做成交。了解了这些，想法才能够落地。

本书对于以上几点都有讲解，希望大家能够认真看，也希望本书的读者真正能够学以致用，让自己的微商之路更加顺畅，最后一句：只有大毅力的人才能做得好微商。

作者：李雷霆

QQ/微信：2521003456

前言

当下正是中国零售的变革红利期，微商才刚刚开始！！

传统零售业的弊病已经迫使国内百货、连锁店转型升级了，即使传统电商如淘宝、京东，也不可避免地被殃及。马云、李彦宏、马化腾等传统互联网大咖，也经常说，害怕一夜之间被颠覆。究其原因，一是移动互联网的迅猛发展，二是年轻人的创意无限、选择无限。

零售业要换一种活法，那就是微商！

第一波微商，在风口时赚钱、在断崖下降时跑路。下一波微商将真正考验一个人的综合实力，从产品选择，到朋友圈运营，再到微服务打造，每一步都很无情，但每一步却让人更踏实。我们的目标，是在1000多万微商从业者中筑造竞争壁垒，形成排他优势。当下的微商，大部分人活在风声鹤唳之中，小部分人闷声发大财。笔者就是想结合自己多年的营销和电子商务经验，把一些真正的细节展现给读者，微商人应该从小处做起，精细化运营，才能形成自己的微营销优势。

本书突出“精细化”运营，所以关注的都是一些微商工作中的小细节，如朋友圈中的朋友分类、做微商的产品选择、顾客的信息登记、如何互动、去哪里加好友、如何增加顾客对你的信任、如何推荐产品、如何催单、如何进行微商的售后服务，等等。全书分成7章来介绍这些细节，通过认识微商、选择货源、运营朋友圈、推广转化、售后服务、企业微商和微商趋势这条迈入微商必须要走的线路来逐步分析和讲解。

第1章　微商入门：怎么成为微商

很多人只当在微信上卖东西就是微商，这是一个传统的认识误区。本章的目的是告诉读者什么是真正的微商。目前很多人不看好微商，本章也解释了微商被骂的原因，对当下的各个微商模式也进行了分析，力图让读者看到并能分辨什么是微商，如何做微商。

第2章　产品选择八大原则

做微商的第一步就是选择卖什么货，本章总结了产品选择的几个原则，如复购率、价格、利润率、影响力、竞争对手多少等。原则毕竟是不好变通的，但我们的朋友圈却都是不一样的，所以读者要根据自己的切身情况来选择产品，切忌人云亦云或“上家”推销。

第3章　精准好友圈运营四大计谋

本章提到的好友圈，包含了QQ圈和微信朋友圈，我们做微商的客户都在这些好友里。当然并不是所有加进来的好友都可能成为你的客户，什么人能成？什么人不能成？还要有一些计谋才可以。本章介绍的四大计谋，并不是网络上常见的什么加粉秘籍，绝对是独家披露的运营计策，包括搜索引擎优化、自媒体平台的运用等。

第4章　推广转化必须学的思维

现在已经是新媒体时代，推广已经不再依赖电视台、报纸杂志这些传统媒体，人和人之间的沟通更直接，我们要变更自己的推广思维，利用这些新思维去实现真正的微商转化，提升销售额。本章介绍了七类思维，如人性思维、爆款思维、自传播思维、社交思维等都是新媒体时代推广人员必须掌握的一些客户心理模式。

第5章　服务体系的构建

很少有微商会注意这个服务体系，当然如果是比较大的企业开辟新的微商渠道，一般就会把旧的服务体系带过来。笔者认为，既然小个体也是小品牌，那小品牌也应该构建好的服务。微商被骂的很多原因就是售后不好，而搭建完整且小而美的服务体系能解决我们的售后和跟进用户不顺畅的问题。本章也是构建自己微商壁垒非常重要的一环。

第6章　企业微商怎么玩

企业如果做微商，通过代理是最快的，但并不是所有企业都适合招代理，也不是所有产品都适合招代理，有些企业是产品牛，有些企业是自己平台牛，针对具体情况我们都要具体分析，本章的目的就是精细化分析企业自身的优势，帮企业找到微商出路。

第7章　通过用户需求点来看微商趋势

笔者是营销出身，在电商和微商中都不算大人物，但笔者却是一线微商，也是一路走来的微商，所以笔者打算利用最后一章，从用户需求点来看看微商到底要怎么走，又该怎么走！

本书面向的读者应该是：

◎　正在苦苦挣扎做微商的个人卖家

◎　正打算从传统零售转到微商的小业主

◎　正百无聊赖想赚点零花钱的大学生

◎　正工作不忙想做点兼职的普通白领

◎　正从淘宝中抽身想找更好出路的店家

◎ 正想打入市场的非著名品牌商

◎ 正想开辟微商渠道的传统企业

◎ 对微商感兴趣的所有人

真正的微商是“人尽其能、时尽其用”，每个人可以通过掌握互联网工具，把自己的能力优势和时间成本充分变现，从而享受新时代的财富红利。

参与本书编写的还有：胡艳、张照、李杰、高倩、房健、刘艳飞、汪皓宇、薛淑英、孙亚南、宋阳、曹卉、韩广义、胡松涛、刘娟，特别感谢！

编者

2016年5月

目录

第1章 微商入门：怎么成为微商

【背景】

十年后，我们不经意间再次相遇，她低声问我："这些年过得好吗？她对你好吧。"我很伤感，说："我还没结婚，一直等你。"她眼圈红了红，说："你晚上7点来宾馆找我吧。"七夕夜，月如钩，我手捧鲜花，提前半个小时来到宾馆，她迎我进去，招呼我坐下，幽幽问道："你听说过安利吗？"……

在2000年初，几乎每个地球人身边都有一个做安利的，关于安利的笑话和励志故事街知巷闻。时移世易，现如今，与创新又稍微擦边的另外一种营销方式却引爆了朋友圈。

好久不见的同事说，加个微信吧，第一条微信信息是：你买面膜嘛？

好久不联系的表妹，打来电话问，都说微商赚钱，你看我能不能做呢？

鼎鼎大名的罗胖罗振宇，从自媒体转战微店，被人说“罗胖就是个商人”。

和多年前的安利一样，微商也变得地球人都知道了……

目前，越来越多的人开始做微商，因为微商投入小、门槛低、传播范围广、不受区域限制。这些特点满足了没有过多资金投入的个人或小型企业，而且，微商的渠道拓展比较简单，能够快速传播和宣传。这么多人开始做微商，怎么选货源、怎么推广、怎么不让烦，成为微商新人最最关注的问题。让小型企业或个人从无到有开始做微商，并做好微商，便是本书写作的初衷。

本章的目的如图所示。

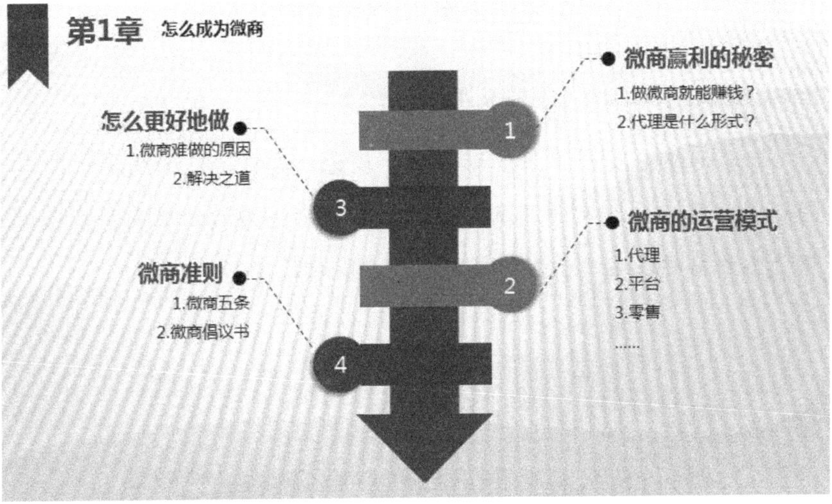

本章知识点

1.1　什么是微商

电子商务是一种以互联网为工具进行产品买卖的商务活动，传统的电子商务以阿里巴巴居首，京东、当当亦都是知名的电子商务公司。微商一般指微型电子商务，主要是小企业或个人通过自己的朋友圈销售的一种商务活动。

本书所讲解的微商，不是大家认为的那种天天在朋友圈卖货的微商。很多人认为微商很简单，只是在朋友圈发发图片就可以，那种我们认为是微信卖货而不是微商，朋友圈刷屏的也不是微商，只招代理不卖商品的也不是微商。

真正的微商，是利用“三度影响力”打造自己的个人品牌，然后利用个人的影响力打动朋友圈，让别人看到产品的好处，进而愿意购买产品。微商运营也符合国际推销专家总结的推销法则AIDA。

【小知识】三度影响力

社会网络中有个“三度影响力”理论，是说我们的朋友、朋友的朋友、朋友的朋友的朋友是对我们最有影响力的三层关系，而微商的生意主要在这三层关系之内（或者以此延伸）。

三度影响力

【小知识】AIDA法则

A是Attention（注意），I是Interest（兴趣），D是Desire（欲望），最后一个A是指Action（行动）。它的具体涵义是指一个成功的推销员必须把顾客的注意力吸引或转变到产品上，使顾客对推销人员所推销的产品产生兴趣，这样顾客欲望也就随之产生，尔后再促使其采取购买行为，达成交易。

AIDA法则

1.2　微商的营销模式——直复营销

直复营销，即“直接回应的营销”。它是以赢利为目标，通过个性化的沟通媒介向目标市场成员发布发盘信息，以寻求对方直接回应（问询或订购）的社会和管理过程。微商就是商家直接接触到自己的目标用户，通过对用户进行针对性的引导，把产品销售出去。

这个模式的好处就是直接面对用户，能够针对目标用户群体的不同需求给出针对性的解决方案，从而更好地引导用户成交。而传统的形象广告，往往针对性不强。为此广告圈里有句话：我知道我的广告浪费了一半，但我不知道浪费了哪一半。直复营销这种一对一服务的特性，使得其营销活动的效果是可测定的。直复模式与传统营销模式的对比如下图所示。

营销方式	直复营销	传统的市场营销
目标顾客	单个顾客	目标顾客群
市场细分基础	顾客的姓名、住址及购买习惯	人口、心理等因素
信息传递方式	与顾客是双向的信息交流	与顾客是单向的信息传递
信息传递媒介	主要利用针对性很强的媒体	相对来说范围广的大众媒体
针对消费者的决策	相对精确	相对来说有误差
销售方式	通过各种媒介手段进行销售	通过零售店进行销售
附加服务价值	服务有送货上门的附加价值	服务中没有送货上门的优势

直复模式与传统营销模式的对比

我们知道的一些推广方式都是使用的这种模式，比如电话销售、短信群发、邮件列表、直邮、个人博客、微博，很多人通过收集用户，然后直接针对用户进行营销。可以说上面这几种方式都是微商的前身，只是使用的平台不一样。

电话销售、短信群发、直邮这些都是要花钱的，邮件列表、个人博客，都是需要一定的技术含量的。微博比较热的时候，主要是在电脑端，但是，当下很大一部分人群是很少使用电脑的。像微信，主要就是针对手机用户，随着科技的发展，智能手机的价格越来越平民化，很多人可能没有电脑，但是，一定会有一部智能手机。

微商呢，**初期只要你有一部智能手机，会用QQ、微信等聊天工具，就可以来经营这份生意**。因此，才有越来越多的人加入到微商这个行列。

1.3 微商赢利的秘密与被骂的原因

1. 赢利的秘密

微商主要是通过零售或者招代理，把货卖掉，拿走中间的差价，这个差价就是我们的利润。比如我们拿某品牌面膜的价目表来参考一下。

零售价，200元每盒

12盒（1箱） 135/盒 网络经销商

36盒（3箱） 120/盒 特约代理商

60盒（5箱） 110/盒 三级代理商

108盒（9箱） 100/盒 二级代理商

360盒（30箱） 90/盒 一级代理商

12盒起就可以代理我们的产品，有公司颁发的授权书。

下图这个价目表，一般的微商厂家都会使用的。根据这个价目表我们来看一下，微商代理是怎么赚取差价的。

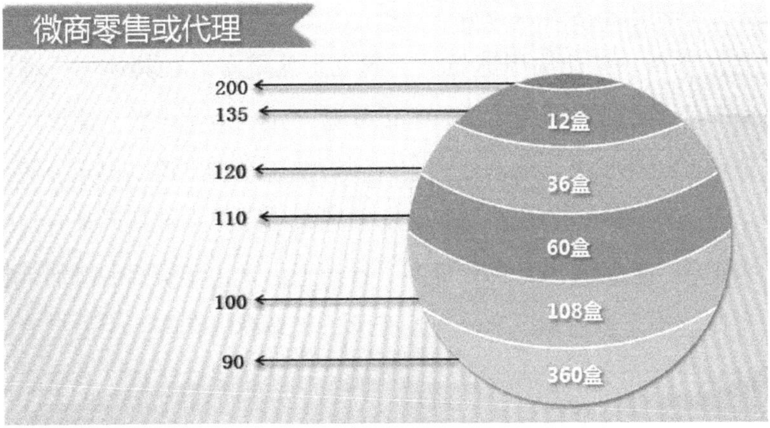

代理价格

比如你拿了36盒，那你的价格就是120元每盒。如果你做零售，零售价是200元每盒，你就会有80元的利润。如果你招代理，你的代理拿了12盒，那一盒你就有15元的利润，共计15×12=180元的利润。

代理+零售的组合拳，就是微商赢利的秘密。

1）零售及招代理之间的优劣势

平时我们最认同的就是产品一定要进入终端消费者手里，这样的商业模式才是最合理的，甚至有些人对于别人提到招代理都非常的反感，认为这是传销的模式。既然觉得零售好，零售到底有哪些好处呢？

厂家直接零售的话，可以缩短企业与消费者的距离，更能够了解消费者的需求，以此不断地完善产品与服务，并且因为中间的销售渠道去掉之后，代理商的利润可以让利给消费者，企业的竞争力就会提升。就像小米公司，刚开始销售小米手机的时候，就是采用这种模式，以其低价、高品质，迅速成为手机行业的黑马。

那企业招代理又有什么样的优势呢？招代理可以迅速铺开市场，让企业在短时间内占据最大份额的市场，让企业的知名度提升，抢先攻占消费者的心智，让企业迅速做大，建立行业壁垒，让其他同行难以追赶，同时降低企业的运营成本，可以规避一定的运营风险。简单地说，招代理可以迅速扩大市场，让企业的利润快速增加。还以小米公司为例子，小米手机刚开始是厂家直销，但是后来很多厂家都从小米官网购买手机来销售，也算是小米的代理商，针对于小米市场份额的增加，起到了非常大的作用。前期小米一直没有承认代理商的存在，但是笔者了解到在2014年的时候，小米官网论坛明确给出了小米在天猫及京东平台的经销商的链接。企业想要快速发展，还是要招代理，共同开发市场。

招代理的优势也就是零售的劣势。零售的优势，也就是招代理的劣势。两者都是正常的商业行为，所以，只要合法，只要消费者能接受，那就行得通。

2）微商这块，零售好，还是招代理好？

很多传统的电商人，都觉得直接零售这样的商业模式才是最好的。但是，微商有一个独特性，就是需要服务顾客，这点是其他任何平台都无法比拟的。都知道微信是强关系，是非常好的售后服务平台，这也就意味着，**微信本身的强服务型的特点。做好服务的好处就是，顾客的回头率会非常高，但是缺点就是，不能够接待很多的顾客。**

如果是厂家自己销售，要想做好客服这块，想更进一步地扩大市场，那客服人员这块，就要招聘很多，对于企业自身的管理等各个方面要求就会高出来很多，不利于企业的发展。

如果说这块外包出去，就是让别人来做客服，企业自身只做推广，那客服的管控力度就会非常小，这样就没办法更好地服务顾客，而且现在专业的客服公司并不是很多。

但是，如果招代理，就不一样了，首先，代理可以管控，从服务及价格方面都能够很好地控制；其次，代理因其自觉性会比员工更加积极，而且，同样数量的代理跟同样数量的员工相比，企业肯定是管理代理会更容易很多。所以，对于微商企业来说，招代理也是非常必要的，但不能只招代理。

微商之所以能发展，是因为市场空间很大，对于**微商的市场空间有多大**，目前没有具体的数据，我们只能通过官方给出的一些数据来简单了解一下。

◎　中国网民：6.88亿

◎　微信用户：6亿

◎　智能手机用户：5亿

◎　手机网购用户：3.40亿

◎　微商行业从业人数超过1000万，市场规模超过1000亿

2. 被骂的两大主要原因

目前网络上很多人都在骂微商，也不愿意身边的人去做微商，这其实是对微商的一种误解，造成这种现象的原因主要有两个：天天发产品广告、只招代理不卖货。

1）清一色的产品动态

笔者没去研究过最初做微商的方法，但现在做微商的几乎都是清一色的每天十几条产品动态。

> @-斌-：一上微信就是各种广告。微信朋友圈已经脱离初衷，完全就是在胡搞。每天一打开朋友圈，都没法睁眼看，全是面膜……

不加以管制，微信就做到头了。

@创业者李：微商可以做，但不能太过分。现在朋友圈都成为污染地了。我自己也封了好几个人，发的东西真讨厌。

他们的观点就是，不发产品，朋友圈里的人士怎么知道你是卖什么的。自己的上家也是这么做的，他能卖掉，我这么做也肯定能卖掉。殊不知，这种方式已经让自己的好友很厌烦，甚至被悄悄地屏蔽。

2）代理招代理，下家找下家

微商招代理的好处就是，能够有更多的人员来帮助商家卖货，但因为大部分都是新手，拿了货以后，很难卖掉，最后，拿到的货都留着自己用了，卖出去的一点也都是自己的朋友支持的。所以给人一种感觉，好像微商就是要把货压给下级代理，而不是让货卖给真正的使用者。

严女士加入了某微商团队，并拿了6000元的货。在接近两个月的时间里，她向微信里几乎所有认识的人都推销了一遍，但也只卖出了十多盒，纯利润约六七百元。严女士向上家抱怨说：为什么我就卖不出去货？这时，上家才告诉她，真正的赚钱不是靠零售，而是要靠发展下线，而手段就是作假。

笔者要介绍的是真正将自己手里的货卖出去，通过精细化的微商运营实现真正的销售，不是教大家囤货和欺骗，希望大家在做微商的时候擦亮眼睛。本书的目的是看清微商的门道，想清自己是否适合做微商。微商界传媒曾经发布了一篇文章《醒醒吧，你做的根本不是微商》通过下图罗列了普通人所理解的微商和真正的微商的区别。大部分笔者都认同，但笔者觉得做品牌也不是不对，毕竟自己就是自己的品牌，微信都说了“再小的个体也有自己的品牌”。

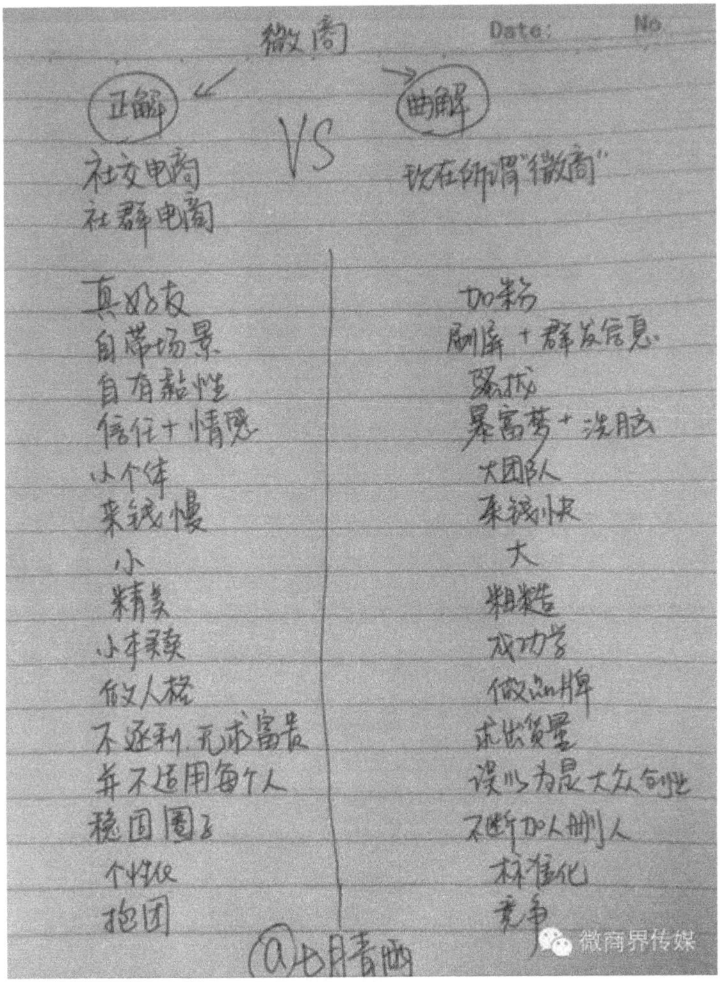

普通人所理解的微商和真正的微商

1.4 六大微商平台运营模式解析

通过笔者近年来的各种微商尝试，发现当下有六大微商运营模式，为了让大家对微商有个初步的认识，这里大概讲解一下。

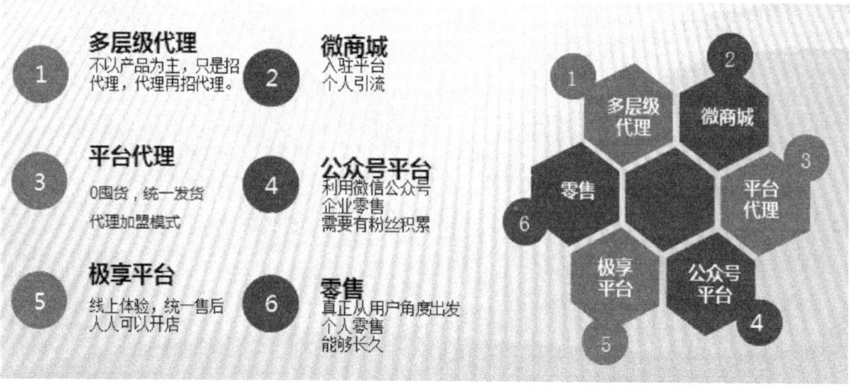

六大微商平台运营模式

1. 多层级代理

这个就是被大众诟病最多的类传销型的微商模式，就是代理招代理，代理不断地招代理，除了代理还是代理（下图是针对这种模式列出的10宗罪）。然后过几个月就断崖式的下滑，这种模式目前还有人在操作，但也是艰难为生，结局已定。

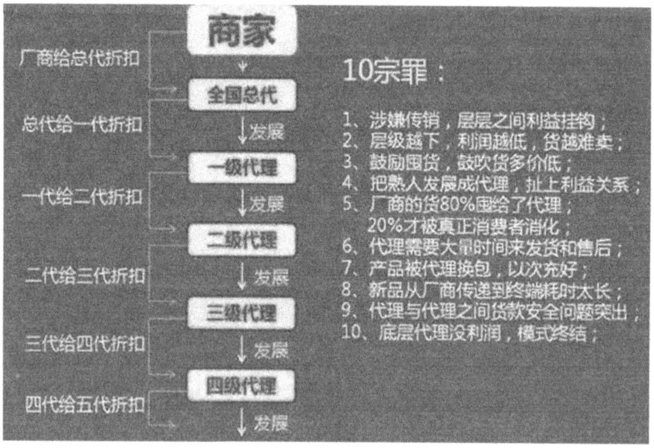

多层级代理

靠代理囤货的模式，都属于圈钱的模式。这种模式，是什么产品已经不再重要，关键在于发展代理。

2. 平台代理

平台代理模式这里主要说两个：微来购平台、思埠云微商。

1）微来购

微来购

特点：0囤货；不用发货；不用打包；上千种产品一件也是总代价格。

微来购模式是交钱给平台，然后代理平台里的产品，根据级别不同，享受不同的拿货价。招到的代理，给予一定金额的奖励。毫无疑问，招代理的收益是最高的。来看下他们的第一种收益模式：

第一种，加盟费，加盟费一共分为3层，800、1000、1500，800跟1000的我们就不考虑了，只有1500的是总代的价格，然后你的代理通过你的店铺链接加盟了微来购，你就能获得900的利润，然后你代理的代理加盟了，你还能获得240的利润。

看了这个，后面的自己卖货拿提成及代理拿货拿提成等的收益模式，就可以不用去看了。传统的电商也有这种模式。

2）思埠云微商

思埠云微商

特点：思埠会在全国各地开设分店（不能开店的地方采用菜鸟网络的物流发货），只要通过思埠的平台下单，货物最快24小时内就能送到。并且经销商不需要自己囤货，也没有任何级别之分，所有人都是一样的，也不存在拿货价一说。

只需要拿990元的货，公司会统一给你一个组合的产品，这些产品都是80、90后最喜欢的产品。然后可以拿下面9级代理的提成。就是，你的代理的代理的代理的代理的代理的代理的代理的代理的代理，最后一个级别的代理的提成，你也可以拿的。

云微商就是选择离顾客比较近的发货地发货，不用囤货。没有级别，只有返佣金，跟淘宝客一样。淘宝客不用交给商家钱，现在的云微商需要交钱给商家。

当然了，招代理的赚钱是最多的，上面的两个赚钱模式，大家应该一看就明白。

【小知识】淘宝客

淘宝客是指通过互联网帮助淘宝卖家推广商品，并按照成交金额获得佣金的人或者集体（可以是个人、网站、团体、公司），淘宝客的工作流程一般如图所示。淘宝客只要从淘宝客推广专区获取商品代码，任何买家（包括我们自己）经过推广（链接、个人网站、博客或者社区发的帖子）进入淘宝卖家店铺完成购买后，就可得到由卖家支付的佣金；简单说，淘宝客就是指帮助卖家推广商品并获取佣金的人。

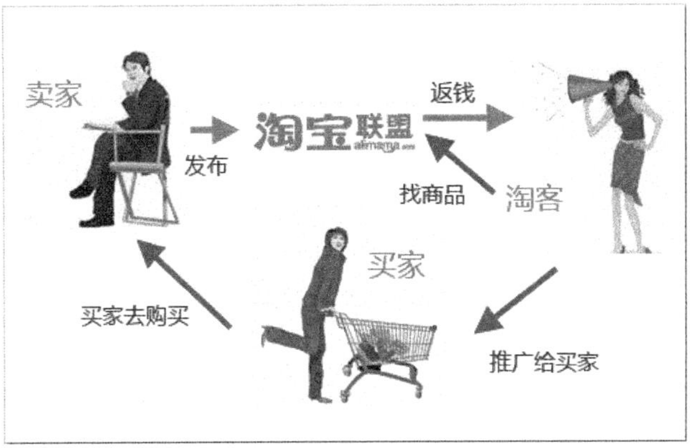

淘宝客

这两个平台的特点类似，之前做微商都囤货，现在缴一定的代理费，不用拿货了，可以代理好多种产品。

结果呢？还是会以招代理为导向，天下熙熙皆为利来，天下攘攘皆为利往。为什么都想招代理，而不是卖货？因为卖货赚不到钱或者赚钱慢，招代理不仅赚钱而且还快。既然又都是以招代理为主，那跟之前的囤货招代理有啥不一样呢？答案就是：以前出钱还有货拿，现在出钱，连货都没有了。而且招代理已经出现断崖式下降，这种换汤不换药的方法，真的能解决微商的问题吗？大家反感的不是拿不拿货的问题，大家关心的是能不能赚钱。

所以，以上模式，主要还是要赚代理的钱，并没有解决产品到消费者手里的问题。如果真正想产品进入消费者的手里，那就禁止代理再招代理，以零售为主导。

3. 极享平台

极享平台并没有放弃代理模式，而是进行了区域化的管控，并结合传统渠道、互联网渠道、商业末端等优势，在商业模式上实现了5大创新。

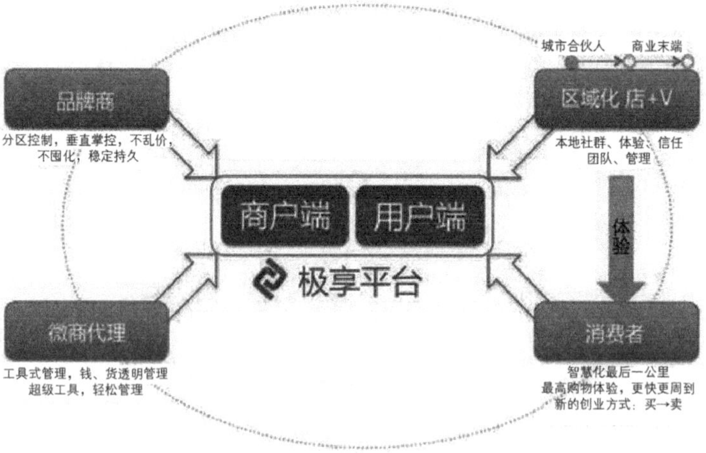

极享平台

特点：在分区中设置2层微商代理，并且保证固定规模、保证不过度扩张，以线下店为据点，实现培养、依赖，深耕区域群属消费经济；线下体验店提供温馨、舒适的交流、洽谈、分享环境，实现人人为店主，并实现开通10000家体验店；线上实现平台流量的引入，让消费者对产品更放心，让渠道更稳定，让品牌更安心。解决微商无归属感、产品售后等一系列的问题。

简单地说，极享平台相当于连锁商超，提供专柜和员工，跟苏宁、国美、蒙牛这些实体店类似。只是把原来是全职的员工，变成现在是兼职的员工；原来是需要待在店里的员工，变成现在在网上推销的员工。加入的微商代理，就相当于兼职的员工。

对比线上：可以体验，但是很多产品并不是用一次就能体验出来效果好坏的。而且线上的优势，往往都是以价格活动等来吸引消费者。一旦线上卖家也做试用装，那极享平台就一点优势也没有了。对于物流来说，现在快递速度一般都是2～3天到达，所以，速度上并不占太多什么优势。

对于线下：因为微商代理以兼职为主，所以人数上会比较多。但是业余的微商，跟专业卖货的相比，并不能占什么优势。因为人数上的优势，所以对实体店的冲击估计会较大。当然平台要真能做得起来才行，目前太多的O2O平台都倒下了，只希望极享能活下来。

总体来说，这个模式，也还是很好的，补足了线上不能体验产品的劣势，又让时间充裕的人群多了一份赚钱的收入，当然这也直接让实体店不好做了。

这个模式，也还是会招代理，但是因为对于代理的限制，所以，零售也会有一部分。

对于一般的微商代理呢?

这个模式相比于传统的实体店、电商及微商，是有很多优势的。这个平台如果发展起来，也是挺不错的，会是一个很好的销售渠道。但是对于一般的微商代理呢?

平台对于微商代理并没有多大的优越性。唯一的一点就是可以体验，这个体验的地域范围非常有限，当地人可以考虑带着顾客去体验店，但其他地区的就很容易被人抢单。

3. 微商城平台

这个平台就跟淘宝、京东这些电商平台是一样的，主要是针对零售。但想跟淘宝这些巨头们竞争，结局只能是悲催的。

微商城这个多边商业模式，现在主要针对商家，在吸引消费者的能力方面，严重不足。目前的有赞、微盟、微店等，几个平台加起来有好几千万的入驻商家，平台商寄望于商家自己吸引顾客来平台消费。但与其在你的平台，不如直接在淘宝了，顾客又信赖淘宝，又能提升销量增加排名，获取淘宝内的流量，多好。

一般没有任何资源做微商的人，如果选择做微商城平台，去看下，基本都是0销量的，所以笔者不建议选择微商城平台。但比如像“罗辑思维”这样有强大的粉丝群体，又能拿到独家产品的，开微店合适（下图是罗辑思维用“有赞”开的微店）。对有资源的他们或者说对于一些企业来说，利用微商城可以实现订单的管理，当作工具使用是比较合适的。

罗辑思维微店

其实微店这些，完全可以去学习美丽说、蘑菇街这类的模式，通过一个小品类去占据市场，赢得用户，再逐步扩展类目，通过招商来提升SKU，满足更多顾客的需求。商家为什么要去在你那里入驻，最终看的还是你能不能提供客流。没有客流，就算吸引来了商家，最终，人家还是要离去。

所以，要成交平台，还是通过淘宝，一方面积累了销量对于淘宝的推广及转化都非常有优势；另一方面，大众信任淘宝，相比于其他平台，更愿意选择淘宝来成交。

【小知识】SKU

SKU原指库存单位（如只、件、盒），对于电商而言，SKU是指一个单品，一款商品多色，则是有多个SKU，例：一件衣服，有红色、蓝色，则SKU编码也不相同，相同的话用户分不清，自己发货也分不清。

4. 公众号平台

这种基本上都是企业自己在做，通过微信公众号来销售自己的产品，粉丝都是自己的老顾客，真正能够卖掉货，而且是以零售为主的销售方式。这个对于一般微商新人来说，没有老顾客的积累，就用不起来这种方法，尤其是开通微信公众号，每年有认证费，而且也最好有专门的运营人员来打理才能出效果，这些都是成本。

比如卖车厘子出名的五格货栈，当时只在微信上卖一种商品，这样也不用开微店，只在微信公众号菜单里写上“购买”，打开就是车厘子的购买界面，也不用选择，直接下单即可，但这也是通过各种营销手段拉来很多用户才可以做的零售方式。

还有比如活力达品牌，顾客在收到快递的时候，会收到一张有微信二维码的卡片，扫描二维码可以参加抽奖活动，可以通过微信商城去购买产品，这样积累客户。

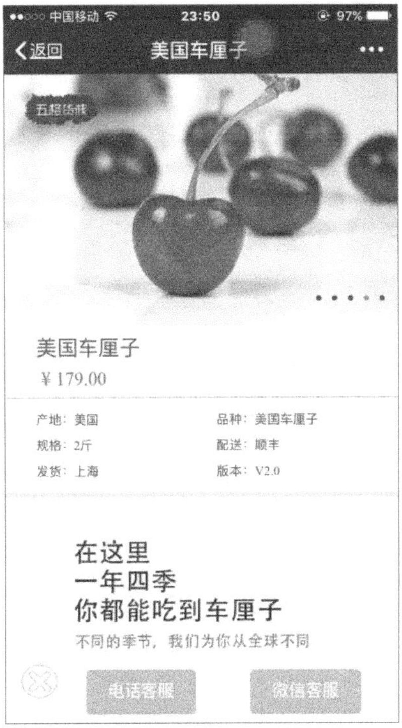

微信公众号销售

5. 零售：真正能够长久的微商模式

最终，企业想长久一些地发展，还是需要产品最终流入到消费者手中。产品只在代理手中，一般存活的周期都非常短。想要进入消费者手中，适量的代理是重要的。但是，当所有的代理都以招代理为主，而没有几个人想要去卖货，那企业的最终结果，也是很明显的。

首先，微商的零售是可行的，而且市场是非常庞大的，这点毋庸置疑。很多传统电商人说微信不适合做零售，用户的消费习惯没有被养成，其实这点非常好辩驳。如果一个你非常渴求的产品，其他平台都没有，唯独微信上有人卖，你怎么办？毫无疑问，买呀。可能又有人说，现在什么产品其他平台没有呢？其实有很多。非标品的产品、需要看效果的产品，这些产品很多都无法在其他平台找到相同的。

既然零售可行，企业如果真正想让产品被市场接受，真正把产品销售给终端顾客，笔者认为有一个非常可行的办法，不论你是多级代理也好，是随便什么模式都行，**零售必须要达到一定的业绩，才可以招收代理，并且还是限量招代理**。这样的方式，前期会慢一些，但却是能让你真正存活得长久的方式。

对于一般的代理来说，当你做一个品牌，他们教会你做零售，这个品牌能够较为长久地存在，并且你达到一定的业绩之后，就可以招收代理，这样你能在做得很稳（零售）的情况下，又能做得久（企业活得久），还能做得大（达到业绩可招代理），这才是真正良性的微商模式。

做到稳、久、大

最终我们就是满足消费者的心理，不论是招代理模式，还是零售模式，既然存在，国家允许，那就可以从事。就像炒股一样，炒股很明显就是零和游戏，就看最后谁来接盘。既然大家能接受炒股，为什么招代理这件事大众就不太认可呢？虽如此，笔者还是建议产品以零售为主，让产品真真正正地去解决消费者的难题，体现产品本身的价值。

1.5　上手做微商，只需五步

微商就是一群通过微信朋友圈或QQ发动态来卖货的一群人。微商火的原因就在于微商颠覆了传统电商，它易上手，易操作，最重要的一点是门槛低还能赚钱。我们经常听说，90后通过微商年赚几十万，95后通过微商年赚几百万，各种明星也都来开始做微商了。因此，这两年微商有了很大的发展。

微商这么好，如果我想做的话，该如何上手呢？微商具体又是如何操作的呢？本节先来说下微商要如何上手，从第2章开始再介绍如何具体操作。微商上手是非常简单的事情，五步就能搞定，如图所示。

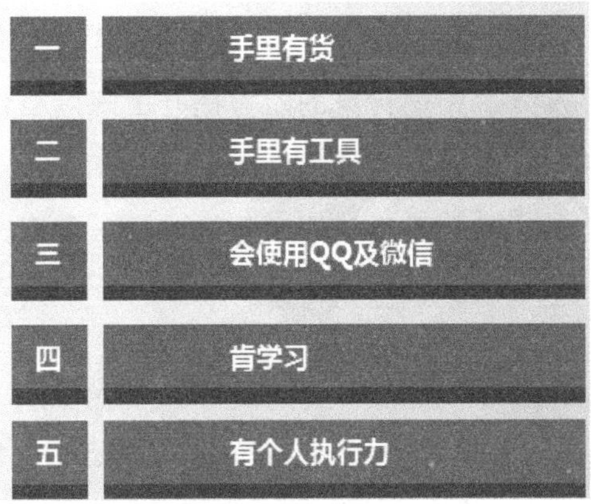

上手做微商，只需五步

（1）**要手里有货**。比如我是卖面膜的总代理，我手里有面膜，这样别人跟我要货，我就直接发给他，赚得中间的差价就好了。但面膜产品并不适合所有人，具体选择什么样的产品，可以参考第2章的产品选择八大原则。

（2）**要手里有工具，能上网的电脑或者手机**。因为微商主要就是在网络上推广的，连生产资料都没有，光有生产力是没用的。

（3）**要会使用QQ及微信**。现在比较主流的聊天工具得会用，我们就是用QQ空间和微信朋友圈来发布我们的产品介绍，之后再用QQ和微信进行客服交流，最后成交。具体如何运营朋友圈，第3章我们有非常详细的介绍。

（4）**要肯学习**。因为很多微商新手都没做过生意，所以不懂得如何销售，而一部分商家是提供培训的，会教会你如何大量添加目标顾客、如何发布有成交力的动态，还会有微商营销培训等，通过培训，把自己的能力提升上去，之后就有能力把货卖出去了。

你需要去学习的东西有产品知识，了解目标用户，再学习推广知识，还有动态发布及互动方面的知识。前期不要想着能够瞬间就能卖掉很多货，赚到很多钱，先把自身的能力提升上来。当你能够一天添加100个精准目标用户，同时发布的动态又能够很好地引导他们，彼此又有一定的信任度，此时，卖货就是水到渠成的一件事。具体到如何推广，我们会在第4章有比较到位的总结。

（5）**要有强大的个人执行力**。卖货前，你要有一定量的目标人群，而且这群人里最好是每天都有很多新的顾客进来。你需要每天都不断地去推广自己，然后发布产品隐性广告。越多人接触到你的信息，成交的人数就会更多。这说起来很简单，但真正日复一日坚持做的人有多少呢？有人说过，做一件好事不难，难的是坚持一辈子做好事。这句话用在微商这里，就是发动态很容易，难的是坚持每天发动态。

微商上手是很容易的，可能你看了上面的内容以后，觉得这有什么难度，进点货、发个朋友圈、等着数钱就行了。如果真有这么简单，我们就不用学习各种营销思维和推广技巧了，实际上因为门槛很低，竞争很激烈，我们才要学习更多的技巧，以保证自己可以在朋友圈中如鱼得水，而不是人人喊打。

1.6　当下微商竞争激烈，该怎么做才好

最近一段时间，跟一些做了有段时间微商的朋友交流。他们都说，2016年以来微商不像以前那么好做了。为什么微商对于很多人来说，不那么好做了呢，关键点是什么？先来看图。

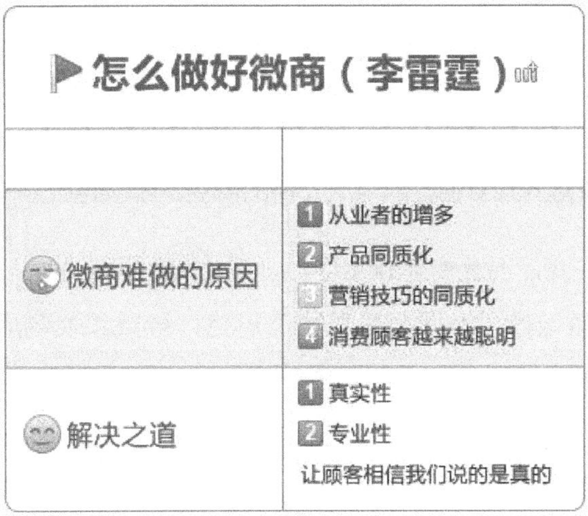

怎么做好微商

1. 微商难做的原因

首先，竞争大了。2015年中旬据统计中国就有1000万微商从业者，2016年至少有2000万微商从业者。

其次，产品的同质化。虽然现在很多产品都开始做微商了，但主流产品还是以护肤品为主。

接着，营销技巧几乎都是一个模子出来的。都是晒成交图，发货图，没有什么新意！

最后，用户也越来越聪明。这个主要是因为了解微商信息更加便捷了。笔者刚开始做微商的时候，主要做微商的视频教程，那个时候都没有几个微商视频教程。现在随便在一个视频网站搜索“微商”，都几十万以上的视频。

2. 解决之道

淘宝有个企业文化就是**拥抱变化**。虽然笔者有时也挺恐惧变化，但是，也正因为有了变化的存在，才让我们有了弯道超车的机会。很多做微商的大学生，都能月入几万的，这对于之前的商业，哪有这么好的机会呀！

微商也在变，而且变化非常明显，过去因为微商的造富神话，吸引了很多人来做微商，也因为其极端不规范，导致了很多虚假的宣传成分。随着竞争的加剧，消费者也越来越聪明，过去的很多方式方法也会失效！我们唯有不断地去了解行业，了解消费者，了解自身，找到自己能够吸引用户的亮点，才能让顾客选择我们。

就目前来说，微商人的广告都极其相似，都在说自身的产品好，缺货，无尽的招代理，等等。去年的时候，他们朋友圈里这么发的人比较少，今年变多了，大家发得都好，但是都差不多，用户不知道该去相信谁了。

所以，下一步笔者给大家的建议是，朋友圈里多突出自己的真实性及专业性，**让顾客看到我们做得很好的时候，也要让他相信我们真的做得很好**。这个真实性及专业性，很多做电商、营销培训的都在讲，但他们不是做微商的。也有少部分的微商人士在这么说，这么做，但他们的力量毕竟也是有限的，只能影响身边的一小撮人。

相信很多老微商人，已经感觉到微商不好做了，也相信很多新加入微商的新人继续沿用老的方式，已经没有多大的效果了。那么改变在即！究竟如何做到更专业呢？笔者从竞争分析和客户分析这两个方面入手，先让读者心里有杆秤。

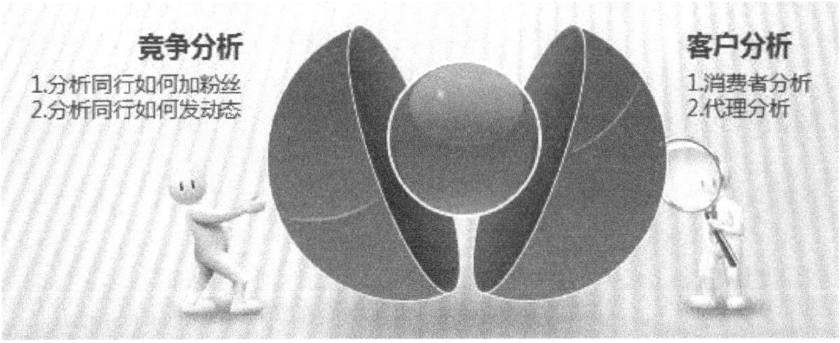

竞争分析和客户分析

竞争分析主要有两块，**一个是分析同行如何加粉丝，一个是分析同行如何发动态**。

1）分析同行如何加粉丝

当同行也去做，你也去做，每一个用户的微信或者QQ都是有一定容量的，就是用户心里也不想加太多，以免广告等频繁。粉丝为什么加你的同行没有加你，这个就要去分析同行如何赢得粉丝的信赖。

2）分析同行如何发动态

也许你的朋友圈有2～3个人已经在做微商了，你和他们的朋友圈有很大的重叠性，你该如何让你的朋友们选择跟你合作，而不是跟其他人合作？你要分析那些同行他们有哪些优势劣势，借鉴的同时还要去其糟粕。他们主要发布什么形式的内容，是不是招人喜欢，还是天天晒单，那你就要偷笑了。

客户分析也主要有两个部分：**一个是消费者分析，另一个是代理分析。**

1）消费者分析

消费者是什么样的呢？

就拿XX面膜来说，爱美的男士女士，年龄在20～35岁之间，收入较高，等等。

消费者购买你的产品关注哪些呢？

①正品；②价格；③品牌；④使用效果；等等。

2）代理分析

一般从事微商的主要有：工资较低的人士、学校的大学生、在家带小孩的妈妈等。

他们的痛点是什么？打工的工资低，不自由；大学生嫌自己大了还不能赚钱，而且也没钱花；妈妈党觉得因为带小孩，没有时间赚钱，但是又要花钱，手里没钱，干什么都要考虑甚多。

代理购买产品关注的是：上家的可靠性；产品的可靠性；上家是否愿意教他；投资金额大小；等等。

通过上面大致的分析，基本上你该知道招代理的突破点在哪里。

如果你没做过营销，那最好直接找个知道突破点的商家或上家，然后根据他们的要求，去执行就好了。只有你赚得更多，你的上家才能赚得更多，所以，他会好好培养你的。如果不走运，你找了一个只会让你囤货的上家，就自认倒霉，赶紧换个上家吧。

很多人现在对于传统微商都抱有怀疑否定的态度，但是，经过微商自身的发展，在市场的洪流中，也会在不断地完善自身。要不了多久，相信这种朋友圈式的微商会真正规范化，成为销售的一个重要渠道。

1.7 微商五条与微商倡议书

微商不是传销，很多人之前都靠欺骗、伪装来做微商，近来让人谈“微”色变。商业环境就应该有有经商准则，微商同样也有。被称为微商代言人的韩束微商CEO陈育新提出了微商五条和做微商的倡议书，希望初学做微商的人都能遵守。笔者也希望微商信任能谨记微商准则，好好做人，好好卖货。

微商五条：

（1）需求真实，产品有品质保证。假货劣质、没有质保条件不是微商。

（2）自己或亲人使用。无体验分享不是微商。

（3）信息节制得体。骚扰不是微商。

（4）渠道为正常几个层级。无限发展渠道层级的牟利不是微商。

（5）为更好的生活而不是一夜暴富。成功学与大忽悠不是微商。

微商倡议书：

（1）杜绝假货，不卖劣品。遇到毒面膜，我们一起报警。

（2）耐心地告诉误解的人，微商不是传销，不依赖无限发展渠道层级获利。

（3）追求并分享更好品质生活，而后推荐产品。

（4）相信有品质的朋友，做有品质的人，做被相信的人。

（5）珍惜朋友圈，得体而节制地分享，人生不止于导购。

不管是用哪种渠道做微商，不管是销售的什么产品，我们都应该遵守微商五条和微商倡议书。

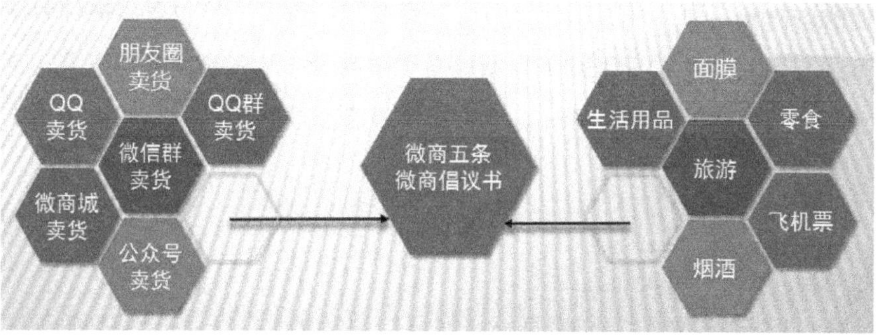

微商五条和微商倡议书

微商现在还有很多不完善的地方，但是，这个模式已经存在很久了，我相信随着移动电商的发展，微商也会越来越规范起来，它不一定是传统电商的颠覆者，但，我相信，未来的微商一定会在移动电商领域占据一席之地。

第2章 产品选择八大原则

【背景】

从前有座山，山上有个寺院，寺院里有一位老和尚和一位小和尚。小和尚问老和尚：我该成为怎样的人？我的未来该是怎样的啊？ 老和尚看着徒弟说：你把佛龛上的那个石头拿来。一块看似很普通的石头，师傅给小和尚讲：你拿着这块石头到菜市看有谁愿意出钱买这块石头。但是，你只问人家给多少价钱，不要真的卖！这块石头看似很普通，但是在石头上有一块天然洁白的像玉的圆晕，而且，上面还有一个天然的“寿”字！人们叫它“月寿石”。

第一天，小和尚来到山下的菜市场，有人来问道：多钱啊！小和尚说：你愿意出多少钱啊！有人出几毛的，有几块的，还有十几块的啊，就再也没有愿意多出高价钱的了！小和尚回到寺院告诉师傅：那些人最多给到十几块！师傅说：明天你去卖金子的地方问一问这个“月寿石”的价！只问价不要卖啊！

第二天，小和尚拿着石头来到卖金子的地方，卖金子的那些人看着小和尚手里的石头，觉得挺新奇的，就你三十、我五十地说起价来。最后，有人愿意出上百元的价！没有再高的了！小和尚就回到寺院对师傅说：那些人最多出上百元！师傅说：明天你去卖宝石的地方，问一问这块“月寿石”的价，只问价，不要卖！

第三天，小和尚来到卖宝石的地方，拿出那石头给那些卖宝石的人看，卖宝石的人看到小和尚手里的石头，惊叹道：啊！好石头啊！我给你五千块，你卖给我吧。小和尚大吃一惊，这时有人道：我出一万，卖给我吧！小和尚惊得不知所措。可是，那些人却纷纷叫价，两万，五万，八万……小和尚紧紧抱着石头心想，这两天没人愿意出一千买这石头，为什么今天？就在这时，人群中有一人走到小和尚面前说：你到底要多少钱卖这石头啊！我愿意付出任何我能付出的代价！

这个故事很长，目的就是告诉我们，我们自己的价值取决于我们身处的环境。如果身处的环境是菜市场，你选择销售高端奢侈品，那别人只能出价几十块。想做好微商，首先就是要找到一个好的产品，口碑传播是微商的根本，好产品自己会说话。究竟选择什么样的产品开始自己的微商，不能人云亦云，不能跟风，而是要坚守本章介绍的原则，当然这些原则也不是缺一不可，但却是一个又一个的衡量标准。

本章的内容如图所示。

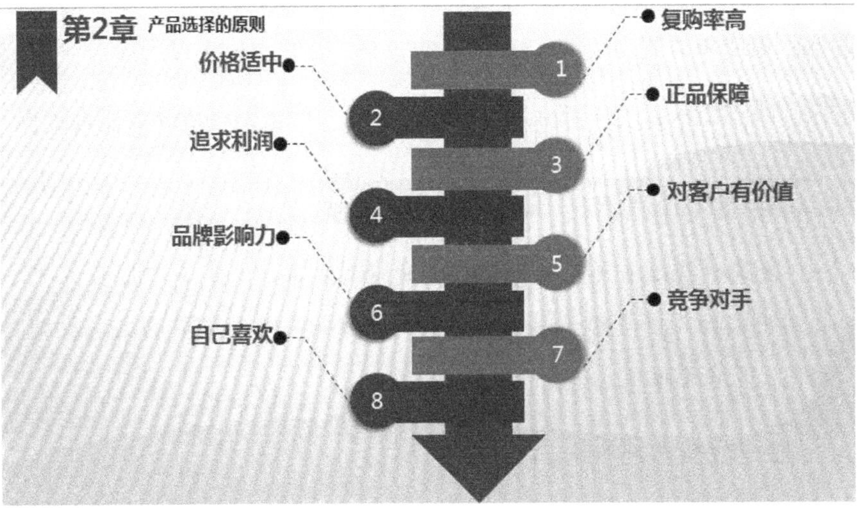

本章知识点

2.1　原则一：复购率高

对于产品的选择，**第一原则就是客户需要重复购买使用的产品**。为什么呢？这是由微信和QQ的属性所决定的。微信的好友容量只有5000人，QQ的好友容量最多只有2000人，还是VIP。也就是说，你多加一个好友，就少了一个名额。而且这些好友加上去以后，不能动不动就删掉再重新加。因此，对于这种情况，我们最好选择能够重复购买的产品（提高复购率）。

经过调查得知，我们把自己的微商生意当成一个网上店铺，当店铺的熟客率小于20%时，熟客率每提升1 %，客单价可以提高16元；而当熟客率大于20%时，熟客率每提升1%，客单价便可提高30元。熟客率越高，客单价就会越高，对于任何一个微商来说，获取老客户的成本其实比获取新客户的成本低，这也意味着提高老客户的复购率是我们提高收益的最简单方式。

这样，一个顾客就可以经常来跟你购买，顾客的价值就会非常高。

【小知识】复购率

复购率就是重复购买率，指消费者对该品牌产品或者服务的重复购买次数，重复购买率越多，则反映出消费者对品牌的忠诚度就越高，反之则越低。

复购率有两种计算方法：

第一种是所有购买过产品的顾客，以每个人为独立单位重复购买产品的次数，比如有10个客户购买了产品，5个产生了重复购买，则重复购买率为50%；

第二种是单位时间内，重复购买的总次数占比，比如10个客户购买了产品，中间有3个人有了二次购买，这3人中的1个人又有了三次购买，则重复购买次数为4次，重复购买率为40%。

【小知识】客单价

客单价（per customer transaction）是指每一个顾客平均购买商品的金额，即平均交易金额。客单价的计算公式是：客单价=销售总额÷顾客总数（所有顾客的转化率），或客单价=销售总额÷成交总笔数（成交顾客的转化率）。

我们看一下目前微商5大畅销产品排行榜：

◎　面膜

◎　综合化妆品

◎　减肥

◎　酵素

◎　高端健康养生品

这些产品，从个人消费角度看，每一类都复购率极高，也正因为大量的人重复购买，它们才一直在销量排行榜上。

有些人可能觉得别人卖的货太普遍了，想自己搞一个新产品，于是就选择卖衣服、鞋子、手表，我相信，这些是可以销售的，而且客单价也高，可是销售1次以后呢？还有人会跟你购买第二次吗？还有衣服鞋子，款式和尺码的组合是很多的，每种款式直接就过滤一批人。还有如果备货的话，每一样拿一件，你都要花很多钱。个人起步做微商的，笔者不建议做这些品类。

还有就是你看到一个人卖一件产品，只卖了半个月、一个月就不卖了，那这种产品你也要谨慎选择，因为别人已经帮你证明了，这种产品不适合朋友圈出售。

2.2 原则二：价格适中

除非是自己独创的产品，一般产品的定价都是厂家来决定的，价格我们自己不可定义的情况下，选择什么价位的产品来卖，却是自己可以选择的。价格选择太高的风险——可能会失去潜在的客户；价格选择太低的风险——利润减少了。

能做零售的微商，都是产品性价比还可以的。思考产品价格时，要定位好自己的客户群体，这从两方面来考虑。

1）自己的朋友圈

如果自己的朋友够多，就先拿他们来进行分析，比如他们的职业、兴趣、特长、爱好、收入规模等，都是高收入的群体一般会追求品质，价格高对他们来说不算什么；都是普通收入阶层，那就选价格比较低的，他们会有尝试购买的欲望。

比如，朋友圈里都是女白领或女企业家，那选择比较中高端的化妆品就可以，价格可以选择偏高的价位，她们不会觉得太贵。

再比如，朋友圈里都是自己孩子同学的家长，那做儿童类的玩具、益智类产品，价格偏低，如果看到其他家长的孩子都在玩，价格不高他们也会想买来试试。

分析朋友圈时，有一个最简单的方法，就是用Excel表格，看看自己朋友圈里人关注的都是什么事情，或者他们的QQ空间或说说都发了些什么。一个简单的朋友圈分析如图所示。

日期	好友1	好友2	好友3	好友4	…
2.15	美食	励志鸡汤	育儿心得	转载文章	
2.16	旅游	人生感悟	晒娃	转载文章	
2.17	自拍	工作烦恼	旅游	珠宝广告	
2.18	风景	励志鸡汤	晒娃	产品真人秀	
2.19	蓝天	名人名言	自拍	晒单	

自己用Excel简单分析

通过分析好友近来发布的朋友圈，我们会发现已经有人在做珠宝产品的微商，可以去看看别人做得怎么样，也可以聊聊。如果自己本身是个妈妈，朋友圈里晒娃的比较多，那也可以考虑从婴幼儿产品入手。

2）自己能整合的资源

如果朋友圈里没什么朋友，自己也比较宅，没什么生活圈子，那一般通过推广自己来加好友，具体加粉方法，我们后面会介绍。这时的资源基本上就是网络资源了，下图是一份网购调查报告，显示每月花费100～200元的是大多数。这里是个平均值，可能北京、上海、广州的平均值会更高。如果你的资源全部来源于网上，那么笔者建议选择价格偏低的产品，会更容易达成购买。

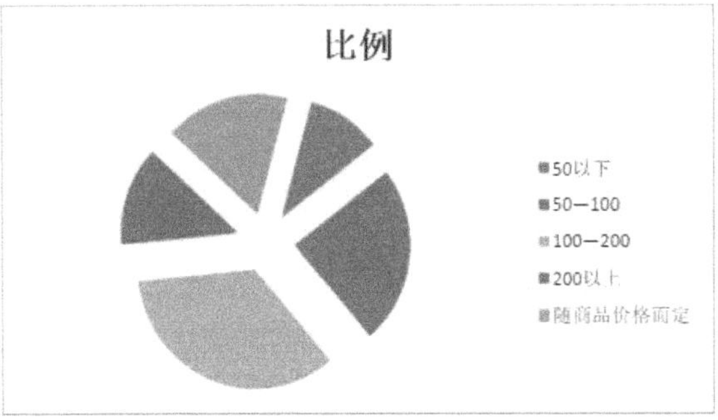

网购调查报告

不管选择什么样的价格，最重要的还是适合自己、适合自己的朋友圈。这也跟本章开头的故事一样，适合的才是对的。还有一点就是，价格不太高的产品，用户的试用率会高，如果价格太高，想试试的门槛就高了，这就把一批敢于尝鲜的客户挡在门外了。

2.3 原则三：正品保障

如果看到一款产品，有些动心了，那最简单的做法就是，自己买一点来看看。看什么呢？外包装、产品的质量、产品的使用效果、售后服务等，只有亲眼看到才能辨认质量，不要去相信图片，不要去相信上家或厂家说得天花乱坠。我们都知道微商属于信任经济，让别人信任自己才是经营微商的长久之道，自己都没用过，如何谈别人对你的信任？好的产品是做微商成功的先决条件。

选择正品

选择正品有几大好处：质量保证、服务保证、降低风险。

1. 质量保证

正品都明码实价，产品质量也有保障。产品的好坏直接影响到你的销量和以后的口碑。做一些来历不明的货品，凭借着花里胡哨的名字和包装，开始的时候可能销售起来是很顺利，但客户也不是傻子。使用后的感受如果和期望不符，你会被人家拉黑的，刚开始的兴旺景象，会随着你被越来越多的人拉黑，重新归于沉寂。白费工夫白搭时间，而且最重要的是，你丧失了辛辛苦苦积累下来的客户资源，把你自己也做进了死胡同。

一个行业如果靠的是一锤子买卖，显然是不能长久的。你拿一些国产三无产品，看起来花里胡哨，便宜是便宜，但其实你知道这些东西到你手里已经是第几手了么？在这里还是奉劝各位有志于微商的同仁，正品还是王道，找个国产三无产品，可能开始的时候很爽，不过等到大卖家觉得货已经做烂准备抽身的时候，人家货一清，摇身一变又做个神马，继续赚钱，剩下的货还不都是砸在小代理或零售卖家手里了，童颜神器就是典型的例子，央视的曝光，其实大卖家一点损失都没有，早就清仓了，货全砸在小代理手里了。

被曝光

2. 服务保证

正品一般有专业化的售后服务，有服务保证可以让客户买得开心，用得放心。很多微商消费者最担心的是“在朋友圈里买货风险很大，出了问题基本没人管”。

朋友小李曾在微商买了双运动鞋，因为觉得有质量问题要求退货，结果对方将他直接拉黑，最后不了了之。

朋友小张前段时间，在商场看上一双鞋，觉得贵没有买，后来看到一个朋友在卖一模一样的鞋子，说是原单货，价格便宜了一多半，可买到手后穿几天就开胶了，碍于朋友关系，只能吃哑巴亏了。

越来越多的人不信任微商，就是觉得微商卖的都是假货，出现问题没人管，价格不高或朋友关系，又没法走消协或法律途径，最终都是“再也不在朋友圈买东西了”。所以选择正品，商品质量有保证，售后服务也跟得上。

被玩坏的朋友圈

3. 降低风险

《每日经济新闻》记者爆料，由于产品不畅销、代理发展不顺利，一家位于山东的微商品牌总代理卷款跑路，40名下家共计70多万元的货款也一夜之间“消失”。由于产品卖不出去、招不到新代理，上家直接卷款跑路，新进入的微商小张也陷入找公司要货无门、找上家要钱要不到的尴尬境遇。

选择正品降低厂商跑路的风险，降低买到假货的风险，降低退换货的风险，降低朋友圈被封杀的风险（卖假货会被封的）。微商货源很多，有的人今天做这个，明天做那个，最后都成了别人的接盘侠，做正品可以降低这类风险。

微商风险

2.4　原则四：追求利润

我们辛辛苦苦做微商，最重要的就是追求利润，但并不是选择了价格低的就有利润了，也不是进价是10元，我卖20元，就是10元的利润了。低利润的产品如牙刷、茶杯，花费同样的时间和精力，当你卖出100件时所获得的利润还不及卖出一盒胶囊所带来的利润时就算了吧。

追求利润

选择产品时，我们要看看零售价和上家给的价格政策，从而计算出毛利率。如果毛利率太低，产品单价也会很低，刨去耽误的时间成本或快递费，都不适合去做。比如零食，像这种利润低的除非有庞大的客户群，每天靠走量提高利润，不然好不容易卖出去了一点东西就挣个10来块钱，还得去给别人发货，自己都会觉得得不偿失，还不如好好找个工作，一个月还有几千块钱呢。

那多少毛利率合适呢？毛利率30%左右就可以了，不能太低，也不能太高。如果太高到了100%～200%（给到最低层级的代理利率），我们就要担心产品的质量问题了。

【小知识】毛利率

毛利率（Profit margin），又称销售毛利率，是一个衡量赢利能力的指标，通常用百分数表示。在经济含义中，毛利率越高则说明赢利能力越高，控制成本的能力越强。但是对于不同的产品，毛利率的可比性不强。

毛利率=（售价－进价）/售价×100%

当然利润还取决于产品的市场竞争激烈化程度，如果是做面膜，市场竞争非常激烈，那利润少一点可以增加竞争优势，这个还要根据自己选择的产品来定。据调查，目前各行业的毛利率区间如图所示。

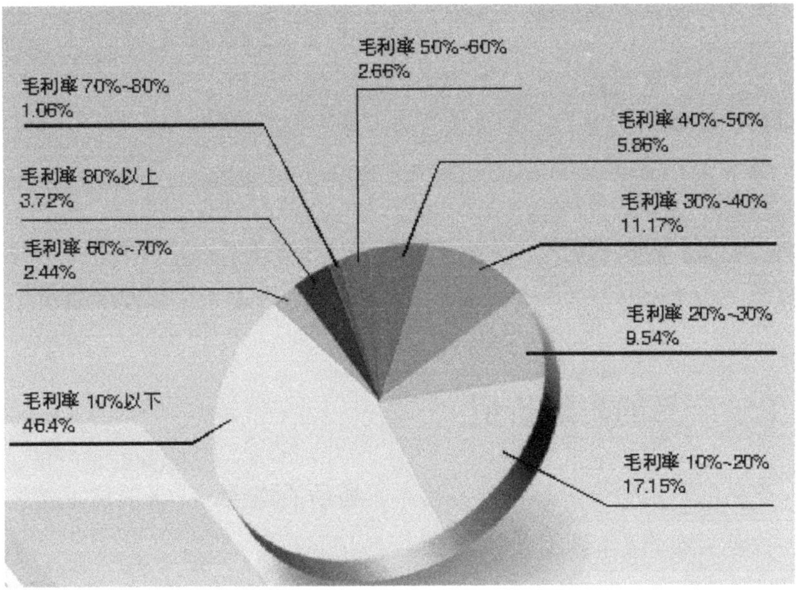

各行业的毛利率

2.5　原则五：对客户有价值

稻盛和夫说过：能够开展出色经营的人，是愿意让对方获益的人。经商的精髓就在于赢得客户的尊敬。信任自己的人增多了，自然就会财源滚滚。

一件产品对客户的价值，通俗意义上来说有两种：

◎　产品本身的价值；

◎　产品的附加价值。

1. 产品本身的价值

产品价值由产品功能、特性、技术含量、品质、品牌等组成。简单来说，产品本身的价值就是使用效果，比如去黑头类产品，客户使用后感觉真的黑鼻头变少了，那就是产品本身的价值体现。

作为个人微商来说，因为我们不生产产品，所以产品本身的价值有一定的局限性，因为我们没法为客户定制更适合他的产品，作为企业微商来讲的话，应该找出自己产品与其他产品的差异，提升产品本身的价值。

2. 产品的附加价值

产品的附加价值，是售前、售中、售后的体验。小米的雷军曾经说过：产品只有超出预期才会有口碑。

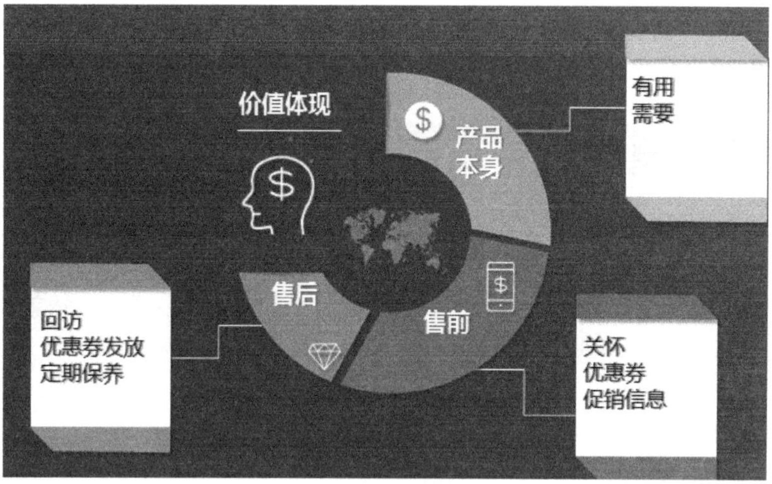

产品价值体现

比如一些大型的企业通过设立俱乐部或VIP服务的方式，让客户有更高端的享受。像中国移动的全球通VIP服务，不仅能够享受到优质的移动通信服务，同时还能领略为客户量身定制的专属商务、休闲、机场贵宾厅等各类精品服务，体验全方位的尊崇感受。可能有人觉得自己是小型企业或个人，没有必要这么做，但这种形式对加强与客户的纽带是十分重要的，各微商可以根据自己的情况制定相关策略，这是一种体验价值。

中移动机场VIP休息厅

比如“海底捞”，我们学习各种案例时肯定都学过，它解决的不仅仅是我们“吃饭”的问题，它的五星级服务：等位时的擦鞋、美甲、护肤、游戏、零食、热豆浆，这些是给客户的附加价值，是一种想经常来的美好体验。所以，很多淘宝店采用买一赠三、包邮、免费试用等促销招数，也是为了给客户更多的附加价值，让客户觉得超值。

海底捞服务

我们在选择产品时，首先就是要考虑产品本身的价值，然后要考虑产品的附加价值，或者我们能在给用户产品的时候给予多少服务。

2.6　原则六：品牌影响力

目前很多有名的产品也在招代理做微商，如果我们选择比较知名的产品，一定要看它的品牌影响力。如品牌在宣传推广、炒作等微商操盘方面的资金投入、渠道投入，以及操盘的经验怎么样。品牌方会不会玩微商很关键，如果品牌方作为总发起人都不会玩，上层的力量太小，下面的人再努力也很难有好的结果，或者说投入产出比太低了。

品牌影响力

品牌影响力大的产品，也方便我们自己传播，因为我们不需要讲太多产品的来历，基本大家都耳熟能详，我们只需要晒效果图，甚至都无须介绍产品，别人就能记住。

比如“苹果”手机，它拍了很多广告，给人印象就是画面的质感非常棒、操作非常简便，广告语多是“再一次，改变一切”、“创新，看得见”、“薄了，轻了，快了”、“出色的iPhone，如今更出色”，定位在前沿、高科技、更智能这个方向，我们也都知道，“苹果”手机有很多创新和专利，代理商在销售苹果手机时，甚至只需要在价格上做文章就行了，因为用户对这个品牌有很强的认知度，这就是品牌影响力。

微商界的，比如韩束，斥巨资投放江苏卫视、湖南卫视、东方卫视、安徽卫视等王牌栏目，让韩束品牌形象深入人心。如果你是做韩束微商，不需要再介绍品牌的各种历史和有哪些品类，只要把效果给大家展示出来，别人的信任度就会增加。

辉煌中的韩束

2.7 原则七：竞争对手

企业在做产品时，会做竞争对手分析，包括明确竞争对手、研究竞争对手的市场、揣摩竞争对手的营销方案、对手的优势劣势等。我们选择产品时，也要顾虑到自己的朋友圈里是否已经有人在做同类产品，他们做得怎么样？如果已经有人做得很好，那是不是还能介入，我们自己的产品是不是有更细分的市场。

如果不知道怎么做，可以用SWOT分析方法，列出自己的优势劣势。假如你是一名刚毕业1年的女性，没有结婚，没有孩子，想做化妆品，那SWOT分析如图。

SWOT分析方法

【小知识】SWOT分析方法

SWOT分析：S（Strength）是优势、W（Weakness）是劣势，O（Opportunity）是机会、T（Threat）是威胁）。SWOT是基于内外部竞争环境和竞争条件下的态势分析，就是将与研究对象密切相关的各种主要内部优势、劣势和外部的机会和威胁等，通过调查列举出来，并依照矩阵形式排列，然后用系统分析的思想，把各种因素相互匹配起来加以分析，从中得出一系列相应的结论，而结论通常带有一定的决策性。

通过分析我们发现，我们的劣势其实可以一步一步来解决，比如没有美白经验，那就去看一些美白美容类的书，系统地学习一遍美容知识；没有很多钱进货、不知道从哪里找产品，那就去一些微商的群里看看，问问有没有人能不压货，不付代理费，然后自己先买点试试。那威胁呢？大家都没钱其实也是相对的，爱美之心人皆有之，再没钱，化妆总还是要的。发广告就拉黑？那就别发广告，只发自己的一些心得体会，晒晒自拍，别人会问你怎么美的，有什么方法，再跟人分享就好了。

这些劣势都可以解决的话，如果朋友圈里有竞争对手，按这种方法再分析下竞争对手，看看他们的劣势在哪里，自己是否可以把他们的劣势解决，这就是我们自己的优势了。

2.8 原则八：自己喜欢

不用统计我们都知道，每天有很多人不断加入微商，但有的人今天卖这个，明天卖那个，不能从一而终。这样不光我们自己积累的客户资源被浪费，自己的个人信誉也被透支得一干二净。

所以，做自己喜欢的事最重要，喜欢才能坚持更久。

有一本书叫《让喜欢的事情成为工作》，这本书里的25个工作室或者公司，都是女生。她们都有着对生活的爱和执著的态度。最关键的，无论是自己创业还是兼职开工作室，做的全是自己喜欢而且热爱的事。这样，才成就了她们的特点，有了有特色的商品和一种让人羡慕的生活态度。态度不同，结果不同。

身边很多人都在吐槽工作，吐槽公司，吐槽老板，吐槽极品同事。甚至一度调侃“上班的心情比上坟还沉重”。我想这大概就是因为我们不喜欢这份工作造成的吧。如果不喜欢，肯定就会找好多理由，如果喜欢，那就是幸福。所以在选择产品时，一定要选择自己喜欢的，这样才有做下去的动力和兴趣，才会投入极大的热情和精力。学习一个技能的初期，智商可能是决定性因素，但是随着学习的深入，兴趣的作用可就越来越大了，因为兴趣可以在相当大的程度上决定谁能坚持下来。

选择自己喜欢的工作

如果以上八大原则都考虑了，你还没有选中产品，那笔者来提供个数据。目前最赚钱的3大群体是女人、小孩和老人，针对他们常用的产品，笔者做了几个简单的分类。如果我们很难选择产品，那就从这几部分下手吧。

◎ 女人（护肤、美妆、美容等）

◎ 小孩（学习产品、营养产品、益智产品等）

◎ 老人（子女馈赠、保健养生产品等）

第3章 精准好友圈运营的四大计谋

【背景】

话说某人去非洲打猎，找到当地著名的老猎人说要学猎狮子。老猎手说你要猎狮子，一定要讲究方法：第一要知道狮子在哪出没，比如，有草的地方，最好还有水；第二你要知道哪些地方狮子扎堆，数量多；第三你要知道什么样狮子不能打，比如怀了孩子、带着孩子的母狮子不能打，比如公狮母狮交配时节不能打，狮子在进食时离它远一些，还有不要拼命把狮子逼到绝境，等等诸如此类的，最后老猎人强调：你一定要选准对象。

这个故事告诉我们，选准对象最重要。不论是做微商，还是淘宝，还是其他的各种开店方式，我们知道，想要卖出东西，首要问题就是要找到顾客。我们平时也会在网上看到很多秘籍，什么日加一千或者一万好友的教程、各种营销推广的培训，还有各种免费的资料，等等，都在讲述如何加到顾客或找到消费者。在微商这个行业里，搜索量大的肯定是“微商”这个词，但“如何加好友”、“加客源”这些词的总搜索量要超过“微商”这个词，可见“获取好友”是从业者们关注度最高的。

本章要介绍的就是如何精准加好友，不是所有的人都是你的目标客户或潜在客户，加人多了不是不好，但如果加的都是目标客户，那我们做微商的难度就降低了。

本章的内容如图所示。

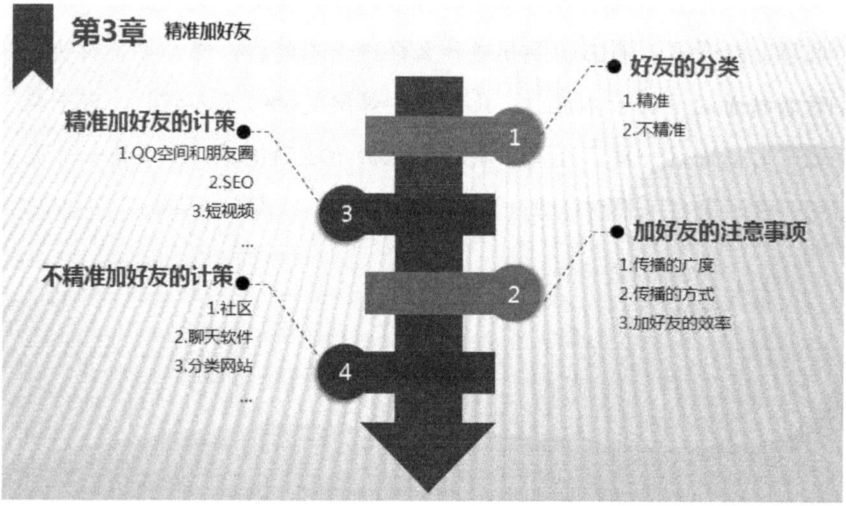

本章知识点

3.1　好友的两大分类

很多做微商的，都在愁客源，觉得有了客源，就一定可以卖掉货。当然，有了客源不一定能卖掉货，但是，没有客源是一定卖不掉货的。所以说，客源是基础，是前提。

为什么说有了客源，不一定能卖掉货呢？

因为客源分好几种，最容易讲解的就两种，**一种是精准的用户群，另一种是不精准的用户群**，精准的用户群就是加到的好友都是想要购买产品的人群。不精准的用户群就是，绝大部分人对你的产品没有明确的需求。

大家都想要加精准好友，但是笔者告诉你，**要加精准好友，你需要做很多方面的分析**。一般来说除非你有一定的营销功底，这样加精准好友就会更好，如果你没有做过营销，不懂如何加精准好友，也没有问题，可以根据本章的方法，一步一步来。

怎样加好友

1. 精准好友

加精准好友的优势就是可以让你事半功倍，因为每一个加的人，都对你的产品有一定的需求度，这样你在卖货给他们的时候，成交率会高很多，正常都会在20%以上，就是10个人中一般都会超过2个以上的人来购买。

定位精准好友

要加精准的好友，首先就是要会分析。分析产品，分析顾客群，分析顾客需求。分析产品的目的是为了找到产品的卖点，这些卖点能够满足哪些人的需求。知道了可以满足用户需求的卖点，这个时候就又可以来进一步分析，会有哪些人群对这些卖点有需求。知道了人群以后，进一步来分析这些顾客都有哪些共同的需求，以及群体个性化的、多方面的需求。为什么要了解顾客多方面的需求呢？这样就能够通过更多种方式来寻找顾客，如果只是单一地通过自己的产品卖点来寻找顾客，很多时候，这种方式的竞争度会非常大，就是做广告，成本也会很高。但是通过研究顾客其他的共同需求，就可以从中找到竞争度小的、人群精准又非常密集的需求点，通过这种需求点加好友就非常容易。

对于用户的需求都清楚了以后，下一步就是对各种推广方法的学习了。因为用户精准度的问题，我们所选择的推广平台，就不能从网上看到一个推广方式就去尝试，需要针对前面分析出来的用户需求，看一个平台上是否能够找到有这种需求的人群。比如你在育婴论坛里，想要出售男士学生装，那么你做得再多都是无用功。

比如我们是卖飞机票的。机票的卖点主要是快捷，同时一些头一次乘坐飞机的人是为了有新的体验。

乘飞机的人群主要有这么几类：旅游、商务、探亲、学习等。假如我们通过微商来卖机票，如何加到这些想买机票的好友呢？通过分析我们知道了坐飞机的人群主要有四类，就有四种不同用户群的需求，这样我们比单一地针对某一类人群，有了范围更广的潜在顾客群体。

对于旅游的人群来说，他们会关注一些旅游名胜景点及酒店。尤其是一些消费比较高的、顾客离这些景点比较远的地方，往往出行的时候，选择坐飞机的几率比较高。

仅仅通过对旅游人群的分析，我们就又发现了三种需求：①乘坐飞机，②旅游景点，③酒店。顾客在出行之前，往往都会规划好自己的行程，对于飞机、景点、酒店都会先做一番了解。所以我们就可以通过这些点来接触用户，可以通过订票网、旅行网站去加好友。

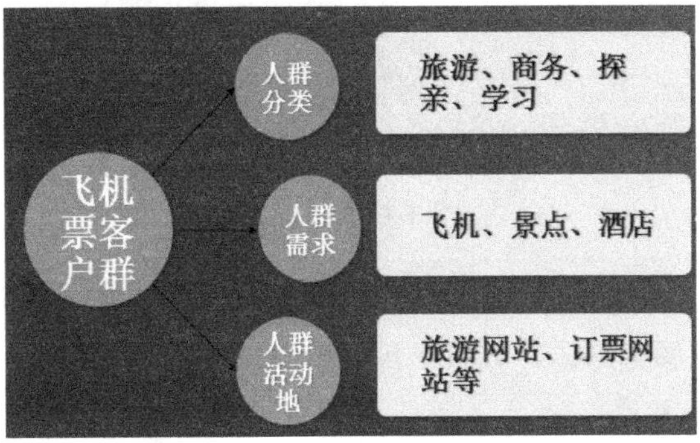

飞机票客户群分析

2. 不精准的好友

不精准的好友，也就是宽泛好友，这类人唯一的优点就是数量众多。而且这类人也容易加到。通常我们说的附近的人、摇一摇、分类信息网站骗粉等主要加的都是这类人。即使是宽泛好友，我们也是要做一个基础分析的。这个分析非常简单，比如你是卖女性化妆品的，就能很明确地知道谁会来购买你的产品，你要加哪样的一群人。这个分析跟前面精准好友里提到的分析是不一样的，那个分析非常深入，这个分析就大概地了解一下。绝大部分人能够进行的分析，也都是这样的分析。

对于不精准好友，优点是数量庞大，缺点就是成交率非常低，可能100个人里也就只有一两个成交的。但只要你大量地去加，总是能卖掉货的，而且加到这类人群的方法，也是非常容易的。

不精准好友

网上很多人分享的加好友方法，都是非常不错的，对于新手来说，如果没有精准顾客来源，就可以用搜索引擎去搜索加好友方法。方法非常多，而且易上手。就用这样的方法，一天加个几十上百的好友很容易。附近的人，每天加几个；摇一摇每天加几个；漂流瓶每天加几个；

还有QQ邮箱、QQ群，还有分类信息网站、微博、论坛、各种手机应用。这些都用起来。虽然说加的好友成交率低，比较占好友量，而且有点辛苦，但确实量大了会产生成交。当好友满了以后，可以删了再重新加。

不过，笔者还是推荐加精准好友，每天轻松加5～10个精准好友，与每天辛苦地加到50～100个不精准好友，假如成交量相同，但付出的精力和时间，精准好友可能不到不精准好友的五分之一。哪个效率更高，相信读者的眼睛是雪亮的。

3.2　加好友的三个注意事项

大家都知道加好友的重要性，网上也有很多加好友的教程，但这些文章往往都是告诉我们，要用什么技巧，去哪里加人，比如用QQ群、贴吧、宝宝树、分类信息网站，等等。这个只是从一些比较具体的方面去教大家，但是换个加好友的工具，大家可能又不会用了，那加好友背后的原理是什么？有没有可能了解这个原理之后，以后遇到任何一个平台，都知道如何去运用了，下面笔者就给大家说说加好友背后的一些元素。

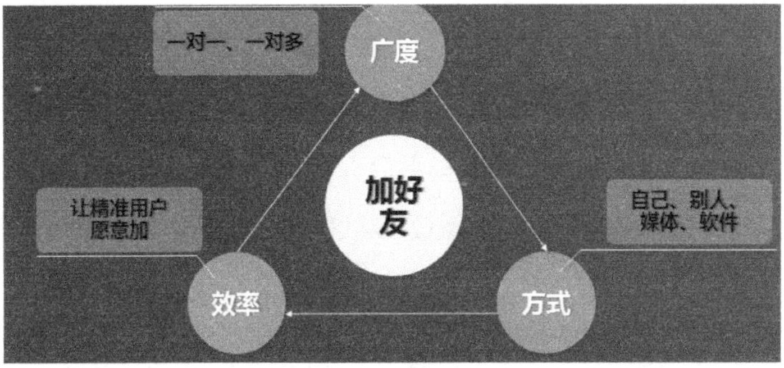

加好友注意事项

1. 传播的广度

传播就像我们和别人交流一样，可以同时面对很多人交流，比如公众演说，也可以只和一个人交流，比如好友的窃窃私语。可能我们都觉得，当然是一次性面对大多数人，这样加好友会更快呀，而一对一的加好友方式，这种方式太慢了，比较浪费时间。但笔者一定要说，每一种沟通的方式都有它自身的特点。

一对多与一对一

一对多的特点就是，广度比较高，缺点就是，交流的深度比较浅，而且不能够针对不同的个人设定个性化的交流内容，对于提升信任，并不是很好。

一对一的特点就是，加好友比较花时间，但是交流比较个性化而且有深度，因此容易获得对方的认可。获得认可之后，后面成交的话，就比较容易了。

一对多往往都需要借助一些平台，这些平台上有很多比较精准的人，比如使用贴吧、兴趣部落、QQ群这些，就是一次性沟通能够连接很多的人。

一对一就很明显跟一个人沟通了，也需要借助很多的平台，如贴吧、QQ群这样的，但特点就是，只跟一个人进行深度的交流，而不是一次性和很多人联系。

比如我们经常会看到一些中小学培训学校的招生口号“小升初，一对一”，很多爸爸妈妈们喜欢这样的培训，因为老师所有的精力都在一个孩子身上，一是可以有针对性地单独授课，二是能及时补上欠缺的知识，三是能及时纠正孩子的不良习惯。我们跟潜在客户的沟通也是这样的，要让客户觉得你重视他。

2. 传播的方式

对于传播的广度有了一定认识之后，下面就是让谁来给我们传播。当然很多人都认为是自己来做传播，这一点没错，但是能够帮助我们传播的，不仅仅只有自己。还有哪些人或者组织呢？还有别人、媒体及软件等，让我分别来说一下。

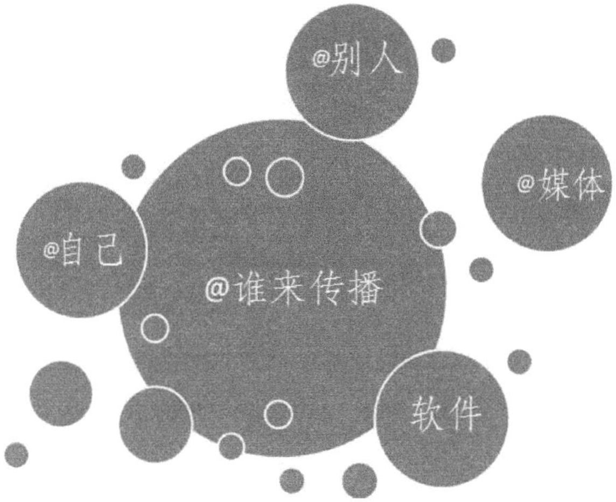

传播的方式

1）自己

首先是自己，这点很好理解，自己的产品，当然要自己来卖呀。各种加好友的方式都是自己去学习，然后实践，什么附近的人、漂流瓶、摇一摇、去加专家空间里的访客等，都是自己去干。

2）别人

然后就是别人，这点应该也好理解，找那些会推广的，或者朋友帮忙做推荐，转发到朋友圈等。找朋友一般也只有一部分很好的朋友才会帮忙转发，大部分都不会的。所以，如果想要别人帮忙传播，就要给出一些利益。比如找一些有粉丝的人帮忙推广，可以支付一些费用；也可以让自己的好友帮忙拉人，比如拉10个好友，就送158元面膜一盒。

3）媒体

接着就是媒体了，媒体这块很多人可能觉得离自己太远，估计只有大品牌或者需要花比较多的钱才能请得起媒体，其实我们也都可以利用他们的，而且很多都不用花费的。比如文章投稿，这个需要会写文章，去各大自媒体平台投稿、各种专业的资讯网站投稿、还有一些粉丝比较多的公众号或者微博大V可以投稿，只要文章有价值，多在一些网站投稿，肯定会有媒体给你发布的，发布以后，那就是各大网站的转载及搜索引擎的靠前排名，借助媒体的效果也是非常好的。

4）软件

最后就是软件了，其实我个人并不是很看好软件，但是身边的一些人他们都是在用软件操作，而且效果也还不错，比如就说QQ加好友，笔者认识的人中就有用条件查找的，一个月能加上百万好友，还有就是自动加群、群发的软件、论坛顶贴机等，这些可以大大缩减人力成本。不过很多网上流传太广的软件，它们的功效往往很差，因为这种都是针对平台的规则漏洞来开发的，但是这种软件会占用大量的网站资源，因此，一般网站管理员发现以后，都会改变规则，让软件效果降低或者完全就让软件没有效果了。因此，如果你身边有软件高手，用软件也还是不错的，否则，软件的效果就会大打折扣。

3. 加好友的效率

传播的方式也说完了，下一步就是如何接触这些目标用户了，也就是怎么加他们的问题。很多做微商的朋友，他们用一些加好友的方式，比如用附近的人或者条件查找，就直接加，连验证内容都不填，这种方式效果就不是很好，但是大量操作，却又能够加到很多人。

不停加好友

这里就牵扯出来一个问题，那就是加好友的效率问题。同样是和100个用户联系了，有的能加80人，有的可能连10个都加不了，区别在哪呢？

区别就在于是否能够让顾客愿意来加你。我们要想让自己加好友的效率提高，就需要给用户提供他们需求的东西，如果什么都不提供，别人为什么要加你呢？或者你提供的东西不是他们喜欢的，比如对于小学生提供英语四级考试答案，牛头不对马嘴嘛，他们对你根本没有兴趣。

针对不同的用户，提供什么不同的价值能够让用户愿意加我们呢？这就需要去研究用户群体的属性了。

笔者举几个例子：工作的，可以分享一些升职加薪的知识；宝妈们，可以分享一些高校育儿及美容减肥的方法；学生，就可以分享一些提高学习成绩、快速提升记忆力、学英语的方法。具体要针对自己的用户群来，可以先跟他们打成一团，了解他们的需求点，看看他们对哪些东西最感兴趣，把这些点都给列出来，之后自己去寻找这些点的解决办法，然后就通过那个用户群最感兴趣的点，去吸引他们来加你。

本节讲述的不是让你使用工具直接加好友，而是让你知道加好友背后的一些原理，这样对于你以后再去寻找顾客，能够清楚每一步的原理是什么，让你不再那么容易迷茫。接下来我们具体说明如何精准地加好友。

3.3 第一计：运营QQ空间和朋友圈

QQ空间（Qzone）是QQ用户的网上家园，也可以称为个人主页。在QQ空间上可以书写日志、写说说，上传用户个人的图片，听音乐，写心情，通过多种方式展现自己。朋友圈和微信用户的个人主页，和QQ空间有相似的功能，QQ空间的日志也能分享到微信朋友圈里。

我们运营QQ空间和朋友圈，最重要的是展现自己，展现产品。

在获取第一批用户前，我们必须在朋友圈或QQ空间里有了一定的内容，比如我是谁，我的产品是什么，我的爱好有哪些，我的关注点在哪里，这样用户来了才能看到一个真实的我，**切忌全是广告！**

运营QQ空间我们有几个技巧，这里一一道来，网上没有，只此一家，都是干货。

1. 开放你的QQ日志阅读的权限

如果没有仔细设置你的QQ阅读权限，下面的事情全都白做。打开QQ空间后右上角的一个设置小按钮，里面有个“权限设置”菜单，里面的内容如图所示。

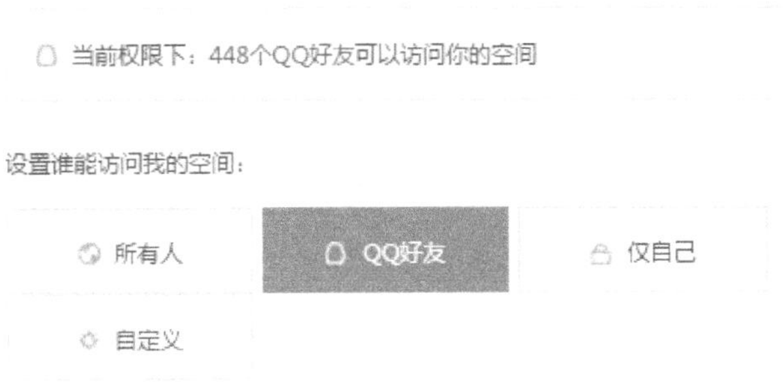

空间权限

因为我们经常需要通过文章推广来获取QQ好友，有些时候别人不一定加你，只是来看看，所以可以选择“所有人”，如果只针对自己的好友，那就选择“QQ好友”。

2. 认证你的空间

通过认证空间，个人微商或企业微商除了进行形象展示、动态更新，还可以发起各种活动，与目标用户保持持续、顺畅的互动交流。认证后你的名字右侧会有一个黄五星标识。腾讯认证空间的申请地址：http://page.opensns.QQ.com/。

认证空间两大好处如下。

◎ 更专业的个人形象展示：给人眼前一亮的感觉。

◎ 增加别人对你的信任：如果不想长期做下去，谁会耗费这个精力呢。

◎ 让别人能搜索到你：在空间首页的搜索框里有一项是单独的“认证空间”。

3. 内容的精准定位

首先定位我要做什么，吸引哪类群体，然后根据定位来决定内容，接下来利用内容来吸引这类群体。内容尽量是原创，能力不够的，尽量根据二八法则来分配原创或伪原创比例，一定要是干货，垂直且有价值。

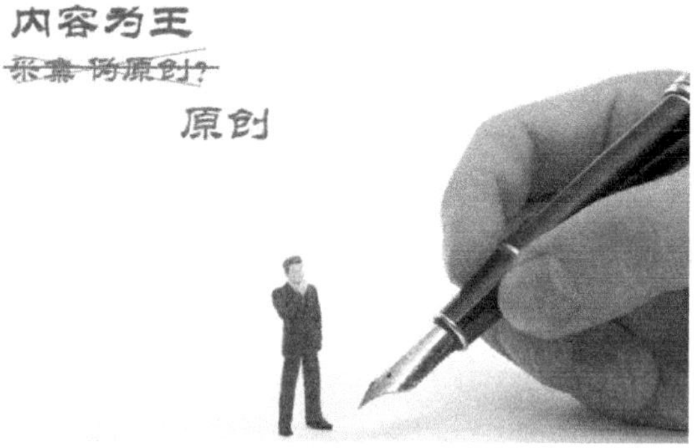

内容定位

【小知识】二八法则

管理学上讲，通常一个企业80%的利润来自它20%的项目，或者说80%的财富掌握在20%的人手上，这叫作二八法则。它是由意大利经济学家维尔弗雷多·帕累托提出的，具体定义就是：在任何特定群体中，重要的因子通常只占少数，而不重要的因子则占多数，因此只要能控制具有重要性的少数因子即能控制全局。

【小知识】垂直

垂直是指在某一个行业或细分市场深化运营。比如我们经常听说“垂直电子商务网站”，这说明他们旗下商品都是同一类型的产品，这类网站多为从事同种产品的B2C或者B2B业务，其业务都是针对同类产品的。

没有想好吸引哪部分人来关注？这是最失败的。比如你是卖减肥产品的，你就得吸引想要减肥的这类人群。其他不想减肥、没兴趣的人，你根本不需要他们的关注，因为这类人根本不是你需要的群体。通过内容来层层筛选，到最后，关注你的人大多是你需要的群体，对你的产品有需求的群体。这样就能做更精准的用户运营了。下面是一个女性微商代理群的定位：

我的目标定位在已婚女性，之所以看好这个群体，是因为这一波女性主要集中在75年到88年(现在又有更年轻的女性加入)，这些女性赶上了九年义务教育的普及和推广，又是和互联网一同成长的一代。突然间，她们都成为了家庭主妇，对于交流的需求始终是她们的一个痛点，而互联网交流满足了她们。

不要盲目刷屏打广告，要努力经营朋友圈，发的内容要让朋友觉得有价值。如卖衣服，可以多分享服装搭配技巧，做童装的可以分享类似“哪些衣料对宝宝皮肤伤害最小”的文章。同时，还可以发起有意思的投票、转发抽奖等活动，加强与朋友圈的互动。

> “微商的小伙伴们天天晒天天发，一天比一天发得勤快，本来朋友圈就是熟人朋友的，想买的自然会买，但经常这样子发，真心挺烦人的，想屏蔽吧，又觉得不太好。不屏蔽吧，真的浪费我流量……唉哟西！”——网友“@_芳草香”的微博留言

我们需要去了解用户的兴趣、爱好，然后针对顾客所共有的一些特点，**不断地提供有价值的信息**。与用户互动，打造用户的忠诚度，让用户信任我们，最终持续地购买我们的产品。如面膜的用户，很多比较爱美、爱健身、爱旅行、有较强的好奇心，还需要休闲娱乐、喜欢关注一些八卦、对生活中的一些手工制作感兴趣等。

那我们在安排发布动态的时候，就要针对上面提到的一些点，去有策略性地发布。每天都发布一些有趣的动态，如保持身材需要吃的食物、需要做的运动方式、用蔬菜自制一些免费的面膜，还有关于娱乐明星的一些八卦消息等。这些都能够让你的好友去喜欢你，觉得你是一个有趣的人，随之会喜欢你这个人，然后你顺带着发一下广告，这样就容易与你成交。还有要注意的就是，动态每天不要发太多，每天发个三条左右就好了，发多了，别人会厌烦。很多人把你屏蔽在朋友圈之外，你是不知道的！

微信是一款非常好的CRM软件，通过微信，我们可以更好地维护好自己的用户，而且微信还是免费使用，我们可以在微信中对用户分组，针对不同的用户发布不同的内容，以免对其他用户造成骚扰。

【小知识】CRM

CRM全称是Customer Relationship Management（客户关系管理）。针对个人而言，客户管理一般是朋友圈用户的分组；针对企业而言，客户管理还包括公众号后台的用户分组和各种阅读数、转发数的数据统计。

4. 经常更新说说与朋友圈

空间设计好了，内容有了，不能因为自己忙就不再更新了。空间内容的发布要有连续性，要吸引别人想来看、主动来看。这一点上说说和朋友圈一样，通过经常更新来展示自己。

这里还要注意一点：一定要控制转载文章的比例，不要别人一进入你的QQ空间，放眼望去，几乎全都是转载的，那样，很多潜在客户立马就跑掉了。因为没有几个人喜欢看转载的文章。在10篇文章里，顶多2篇是转载的。经常更新QQ空间，会把QQ上很多的好友激活，从而提高转化率。

朋友圈发也要注意几个技巧。

（1）口语化，显得真实；

（2）现场化：如今天开车、我们一起吃饭、在同学聚会上，然后才写内容；

（3）关键词亮点化，朋友圈的内容简洁，但大家都是一扫而过，没有亮点就没有人关注；

（4）互动化：征求大家意见与参与感，如我这样对不对？请大家支个招吧？要“互动大于内容”不要“内容大于互动”；

（5）内容粉丝来提供更好：每个人才华终究会枯竭，只有信息来源于粉丝才能长期经营下去。

5. 相册

相册是一个上传图片的地方。我们可以上传很多产品图片，也可以上传个人的生活照片。

◎ 上传产品图片，是为了让潜在客户了解你的产品。

◎ 上传个人生活照片，是为了让潜在客户知道你长什么样，增加信任感。

这两者缺一不可。比如笔者有一个好朋友做宠物用品微商的，她的QQ相册和朋友圈里都是一些自己宠物狗的照片，还有宠物在吃、在用的一些东西，以及一起的合影，而这些用品就是她正在卖的产品，非好友们一进来看到这些照片就觉得比较真实，这样就又晒了生活又晒了产品。

6. 签名

QQ签名是一个很重要的细节。大多数人在QQ签名上写的是产品信息、联系方式。这固然对，但也不能长期保持同样的信息。当谁的QQ签名上有新的签名时，QQ系统会进行推送，我们自己的好友就会发现，继而就会来看看你到底发了什么。所以，迎合潜在客户的这种心理，必须经常更新QQ签名，让他们经常关注你的QQ。如果我们的QQ空间里发表了新文章，也可以在QQ签名上写出来，告诉他们。这样可以引导他们第一时间来看你的文章。

签名的文字尽量能引起共鸣，或有疑问、质疑或探讨的意味，这样才能促进别人来跟你互动。如下图所示网上也有很多励志的签名，可以拿来用。

励志签名

QQ上的好友，他们会长时间地观察你，直到他们认为可以相信你的时候，他们自然会向你下订单。如果他们不关注你，早就直接取消或拉你进黑名单了。

7. 广告链接

在空间里不一定要直接做广告，可以在文章的最后添加自己的联系方式或文章链接，这样在文章被分享以后，一是让你好友之外的人可以认识你，二是增加其他文章的点击量。链接尽量用红色粗体标出，这样才显眼。你要引导潜在客户去点击那个红色的超级链接。记住，潜在客户在读完你的文章后，只有1秒钟的时间继续停留。你要利用这1秒钟的时间，引导潜在客户去立即点击你的广告。

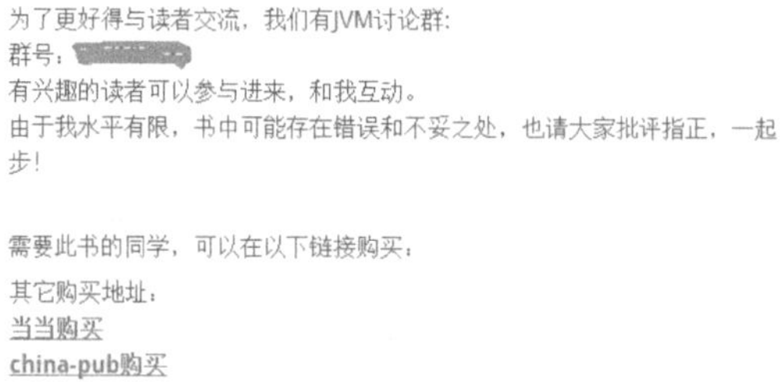
为了更好得与读者交流，我们有JVM讨论群:
群号：
有兴趣的读者可以参与进来，和我互动。
由于我水平有限，书中可能存在错误和不妥之处，也请大家批评指正，一起步！

需要此书的同学，可以在以下链接购买：
其它购买地址：
当当购买
china-pub购买

广告链接

8. 评论和点赞

QQ空间和朋友圈都是很私人的空间，所有能进入你QQ空间或朋友圈的人，一般都是“好友”的身份，但好友加多了，你会发现，有些人你不认识，有些人不记得你是谁。所以，对于好友，互动交流比较重要。对于一些好友的评论，可以适当地评论或点赞，加强沟通。

尤其是有人过生日、升职、顺利考过、生宝宝的时候，一定要注意这类细节。记得每天早、中、晚三次都要仔细浏览朋友圈和QQ空间，及时发现细节问题，掌握时机。

好友评论

3.4 第二计：搜索引擎优化

搜索引擎优化就是SEO，听起来很高大上，实际上就是让别人在茫茫人海中快速定位到你或你的文章。初入门的读者，可以先准备一篇非常干货的软文，记住，一定是干货，太水了一是没有辨识度，二是没法吸引别人的关注。

【小知识】SEO

SEO是Search Engine Optimization的简称，中文为“搜索引擎优化”。SEO广义上是指通过对网站内部调整优化及站外优化，使网站满足搜索引擎收录排名需求，在搜索引擎中提高关键词排名，从而把精准用户带到网站，获得免费流量，产生直接销售或品牌推广。从微商角度讲，就是利用自己放在文章里的关键词，能让精准用户看到你、联系到你。

搜索引擎优化的主要途径是软文、百度文库、百度经验、百度问答、论坛文章、博客等。下面我们分别介绍一下。

1. 软文

软文是一篇介绍自己或自己产品的文章，为了更好的SEO，我们一般把软文分为3部分：标题，内容，关键词。

1）标题

软文标题的取名方法非常关键，一篇文章的点击率与标题有直接的关系。这是一个信息爆炸的时代，没有好的标题，写得再好的文章也很难被精准用户发现。经试验证明：口语化和带有数字的标题更能吸引用户关注。

标题起名我们用个最简单的方法：“这、最、好、玩”4个字，它们是标题中出现最为频繁的字眼。好对应的是英语How（如何，为何），玩对应的是英语WHY（为什么）。

如：

“去韩国买这10款产品就够了”！

“揭秘米兰最值得买的10大品牌”

“为什么日本人如此重视孩子的早餐？”

“为何货币投机者敢与各国央行为敌？”

“如何以正确的姿势拿到五福红包？”

腾讯科技的龙兵华曾说过，带有这类词语的标题，会引起读者三种反应：

◎ 勾起读者天然的好奇心，使人好奇。

◎ 引起读者固有的疑心，使人怀疑。

◎ 满足读者想了解的欲望，使人想学。

2）内容

内容要给读者留下深刻的印象，但也要说清楚自己想要表达的内容。软文不要过于水，内容一定要贴合自己的产品或产品所在的行业。为了想清楚写什么内容，我们要用PASS法则来进行精准定位。

◎ P，是Purpose。即写这个文章的目的是什么？是领导交代的？还是为了改变用户的认知？或者是为了将某个产品的知名度打出去？如果目的不明，比如会使软文没有方向。

◎ A，是Audience。即这个文章是想让谁看？很多公司的目标受众比较多，如可能是直接客户——消费者，也可能是合作伙伴，这两个就是完全不同的，举个例子，如果是消费者，行文语气就要通俗易懂，不能用太多专业术语，如果是合作伙伴，则要讲究专业。

◎ 第1个S，是Structure。即文章的架构？写文章之前一定不要动笔就写，一定要先理出文章的提纲和思路，先写什么，再写什么，逻辑要清晰，不能东一榔头西一棒槌，不知所云。

◎ 第2个S，是Style。文章的风格如何？是朴实的，还是专业严谨的，是华丽的，还是引经据典的，这些确定后，然后无论是引用的案例还是引言都要遵从。

我们做软文的关键是让用户找到自己，此时内容中可以留QQ号、微信号或自己的博客地址。

3）关键词

如果我们需要净化器，一般我们会去百度搜索“净化器”、“空气净化器”、“雾霾净化器”等词语，这些我们一下子就能想到的词语，我们称之为关键字或关键词。百度后台搜索原理就是利用蜘蛛爬虫找到所有内容里带这些关键词的文章。比如我们销售的是去黑鼻头的美容产品，那我们要想想读者会搜索的关键词是什么，如“黑鼻头”、“怎么去黑鼻头”、“去黑鼻头”，如果我们不知道，也可以在百度搜索框里输入试试，如图所示。

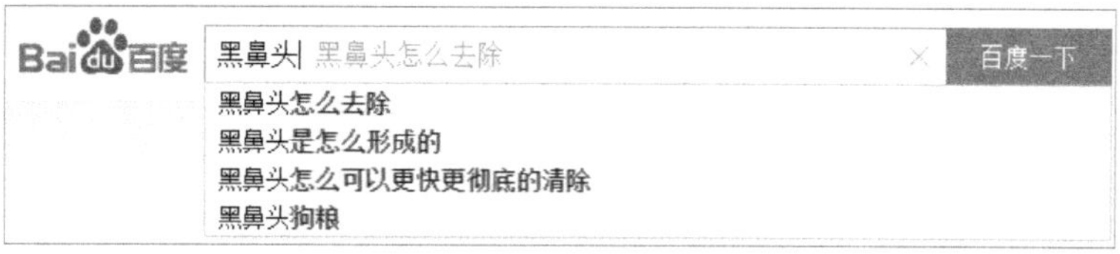

搜索关键词

大部分情况下，客户都会通过搜索框来查找自己还不熟悉的产品，然后找到自己最为感兴趣的消息，所以说，软文中的关键词对软文的推广起着十分重要的作用，设计好了关键词，就是成功了三分之一。

在软文中出现的关键词可以有一个，也可以有多个，但尽量不要过于多，一是会被搜索引擎标记为过度SEO，二是让人反感。

2. 百度文库

软文发布首选百度的一些产品平台，如百度文库、百度经验、百度问答，因为国内大部分人都用百度，而百度总是先搜自家的产品。前面我们可以先把软文制作好，然后根据百度文库的要求，再设计好专门放在百度文库上的各种细节。把软文放到百度文库上需要两步：

（1）制作文档，加上页眉页脚，可以是自己的博客、QQ、微信等，尽量不要加广告词，因为文档内容中已经穿插了产品广告，所以广告不要在内容、页眉、页脚到处都是，选择一处即可，要不审核不通过。

（2）上传文档，为文档写好简介和标签，然后选择合适的分类，如图所示。这里一定要写明确标签，这个标签和关键词一样，都是让文档更容易被搜索引擎搜到，提高下载量！

使用百度文库上传

3. 百度经验

百度经验里面的内容涉及各行各业，已经成为当前营销的另一大利器，而且营销流量的转化率也是显而易见的，转化率之高是其他营销模式很难比拟的，而且百度经验最大的一个好处就是能加链接。一般百度经验的标题都是“如何”、“怎么”、“怎样”等，所以我们可以比较直接地来写一篇软文，这篇文章和之前的软文不同，要图文并茂，最好图多一些（可放产品图），写得更细致一些（可说明产品名字），如图是官方的产品使用步骤图。

针对小白，比如写一篇“如何正确地去除黑鼻头”：

（1）将文章分解成多个步骤，可操作。

步骤不要太多，尽量不要超过五步。

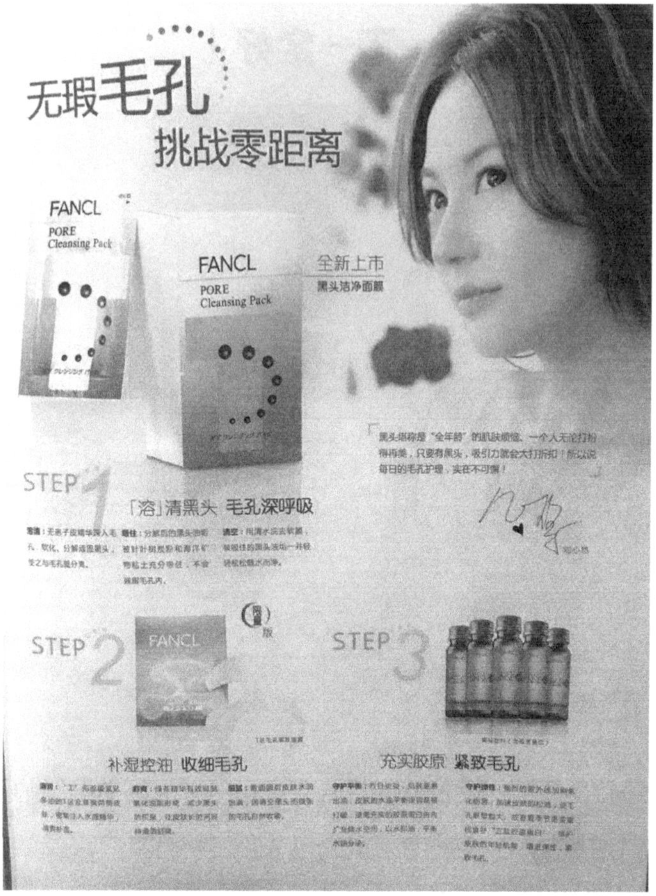

图文步骤

（2）最好真人示范，给图，增加真实性。

每一步都有图，可以有产品图，比如第一步准备所需要的产品。

（3）放上前后效果对比，给读者留下深刻印象。

可以PS两张图放在一起，最好对比明显，当然一定要真实。

（4）最后可以放上一个链接，转到自己的空间里去。

百度经验最好的就是这点，用户觉得好，会来你的空间里看看，如果有更多的好的内容，就能增加更多的精准好友了。

4. 百度知道

百度知道是全球最大中文互动问答平台，而且百度搜索关键词时第一导流的方向就是百度知道，所以这里的用户流量值得我们关注。

百度知道是问答形式，所以可以用几个账号，分别来问问题或回答。也可以去回答别人的问题，然后留下自己的联系方式，说清楚自己是做什么的。如果直接就给联系方式，基本上是没有人加你的，既然是要精准加好友，还需要有策略地来回答问题：

（1）第一个回答不要带任何链接；

（2）类似于敏感词或者产品词，字之间可以空一格；

（3）内容尽量多点，并且分段，如下面这个例子分为三段。此时可以加产品名称。

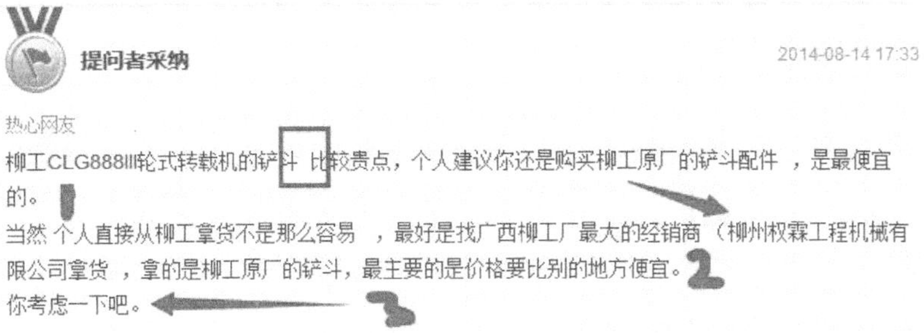

百度回答技巧

（4）最后可以回答一个产品名称，然后附带链接，一般链接到自己的博客或网站。

另外，现在也有很多的百度知道群，可以去群里找群友互助，你也帮助别人回答，别人也帮助你回答。

5. 论坛文章

一定要找自己产品相关的论坛，论坛里直接发广告也是会被删的，所以可以把软文发到论坛里，当然为了持续获取用户，我们不能在论坛只发一次内容就行了，这里有几个技巧：

（1）搜索相关论坛，比如美白方面的，那就以“美白”为关键字，搜索至少10个论坛。

（2）把收集到的每一个论坛都注册至少一个ID，ID命名最好是自己的名字，不要直接是产品名，广告嫌疑太大，别人会直接不看。

（3）用心编写至少5个软文，可根据论坛点击率高的帖子来给软文命名，或者根据前面提到的软文写作方法写几篇干货。软文中一定要有关键词，方便搜索引擎找到。

（4）每天到这些论坛发帖，根据不同论坛状况，在你编写的宣传语中有选择性地跟帖。

为了吸引人的注意，也可以加一些动画或手绘图片，当然如果没有这种能力，也可以用一些插画工具或暴走漫画制作器。如下图所示是暴走漫画制作器的效果，可采用当下流行的一些表情，增加趣味性。暴走的官网是http://baozou.com/。

暴走漫画

6. 博客

要有自己的专用博客，博文的内容要符合自己的定位，博客发的也都是自己制作的软文。博客的内容和QQ空间或朋友圈的类似，因为SEO搜索时，QQ空间一般不在搜索内容里，所以我们还需要利用博客获取更多的点击和SEO流量，让更多有需要的用户找到我们。

开通有利于SEO的博客有以下几点：

（1）博客要选流量比较大的博客，如新浪博客。如果有淘宝店或天猫店的，用阿里的博客更好。

（2）博客的名字很重要，不要取一些比较热门的关键词或者名字，可以用自己的名字，如李雷霆博客。因为这个名字用的人相对较少，基本你申请了这个博客，发几篇原创文章，很容易就会排到百度搜索首页第一的位置。取博客名字之前，最好先百度下是否是热门词，要选择一定可以做到百度第一的名字。

（3）博客的内容刚开始可以发1～2个链接，但等过几天，博文被百度收录后，可以修改下原来的文章，多一些产品链接。虽然博客一般不会被封，但让人觉得满眼广告也不好，所以这里的链接，尽量是链接自己的其他文章。

3.5 第三计：短视频

视频是目前很主要的营销方式，而且搜索排名也很靠前。尤其是大家都不愿意看文字广告的时候，操作类、趣味类视频广告，大家却不介意。

2015年7月，味全与弹幕视频分享网站Bilibili合作了“12星座是如何花样舔盖”的视频，瞬间引爆网络，只是一些不同星座舔酸奶盖的视频就引起了大家对各类星座的吐槽，甚至引发出“最招人恨的12星座排行榜”，而且这个排行榜还被转发到微博、微信里，继而引发了更多的人关注。

星座吐槽

我们在添加好友时，也可以制作几条视频，如果没有专业的工具，用手机录制也可以。目前的主流视频网站有：优酷、土豆、搜狐、56、腾讯视频、酷六、小咖秀等。

新手录制一些基本的操作即可，比如面膜的正确打开方法、去黑鼻头的正确步骤。录制完成后，要在视频最后添加自己的微信号或QQ号，并说清楚自己的定位或产品定位，这样找过来的用户才是精准用户。目前大部分的主流视频网站还是不屏蔽这种软性广告的，不过发布视频的时候还是要注意几点：

（1）标题不要起得太露骨，不要直接拿产品名做标题。

（2）多注册几个网站，然后多发一些视频，不要只做一个就嫌麻烦。

（3）标题中也要有关键词，但是视频内容中的关键词对搜索一般无效。

（4）如果有时间研究视频的一些编辑工具，可以美化自己的视频，比如增加弹幕、字幕、产品名称或联系方式放在字幕里。

（5）视频内容一定要与你的产品匹配，不要拿别人的视频加上自己的联系方式，对用户无益。

（6）视频的清晰度要更高，超清排名在高清之前，高清在普清之前。

（7）揣摩别人的视频，网上有很多教别人化妆的视频，短小但信息量大，能让用户受益，结果这些人成了网红，开始做微商了。

短视频属于精准营销，不关注这个内容的人群也不会点开视频看，所以这个目标用户也会非常精准。如果想要用这种方式推广自己，可以研究下微信公众号“一条”，这是一个每天只发一条短视频的公众号，基本每条视频的阅读量都是10W+。

【小知识】精准营销

精准营销（Precision marketing）就是在精准定位用户的基础上，建立个性化的用户沟通服务体系，以低成本的方式成交。

精准营销的关键在于如何精准地找到产品的目标人群，再让产品深入到消费者心坎里去，让消费者认识产品，了解产品，信任产品，到最后的依赖产品。传统的营销方式成本大，见效慢。随着移动互联网的发展，精准营销以高性价比的优势，逐渐受到小型企业或个人商家的青睐。

3.6　第四计：自媒体平台

自媒体是指私人化、平民化、普泛化、自主化的传播者，以现代化、电子化的手段，向不特定的大多数或者特定的单个人传递规范性及非规范性信息的新媒体的总称，且著作权归作者本人所有。自媒体平台包括：淘宝达人、百度百家、今日头条、一点资讯、微博自媒体、微信公众号等。

目前自媒体的确存在一些不足，在内容的原创性方面很令人苦恼。比如，内容同质化，信息泛滥，心灵鸡汤泛滥，没有辨识度，平台价值被削弱。东一篇，西一篇，没有连贯性。我们也要避免这种情况。

我们可以去注册几个自媒体平台，但不能每天都发软文，到底该怎样做，这里也有四个策略。

1. 寻找创新渠道

了解大家都关注什么方向，这个方向是否能跟自己的产品挂钩，比如以前很少有人做信息图，那我们把一些内容做成信息图的形式，就很容易得到传播。做内容吸引人时，一定要通过创新找到新的途径让目标用户有种眼前一亮的感觉。如果是千篇一律的产品广告，别人就不会再关注你。比如大家都说这个面膜好，那个面膜好，却不知道面膜的正确打开姿势，如何敷面膜效果更好。那么我们可以制作一条图文，如下图所示。

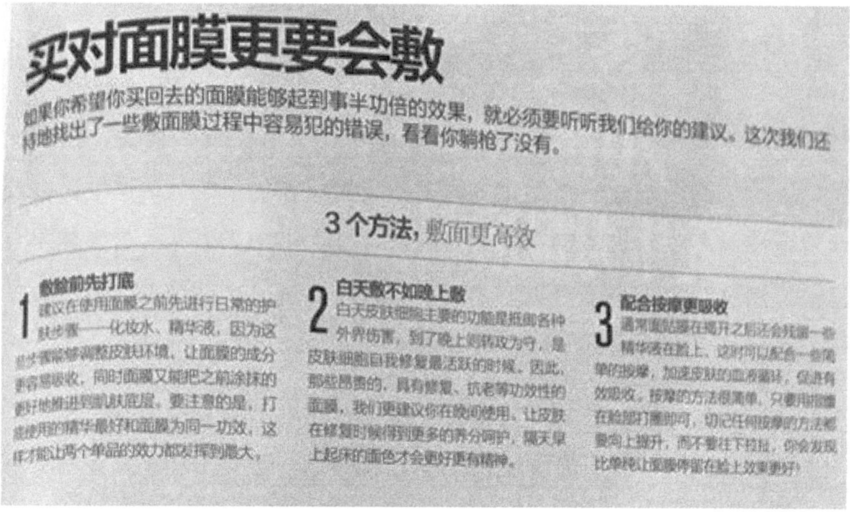

买对面膜更要会敷

如果你希望你买回去的面膜能够起到事半功倍的效果，就必须要听听我们给你的建议。这次我们还特地找出了一些敷面膜过程中容易犯的错误，看看你躺枪了没有。

3个方法，敷面更高效

1 敷脸前先打底

建议在使用面膜之前先进行日常的护肤步骤——化妆水、精华液，因为这些步骤能够调整皮肤环境，让面膜的成分更容易吸收，同时面膜又能把之前涂抹的更好地推进到肌肤底层。要注意的是，打底使用的精华最好和面膜为同一功效，这样才能让两个单品的效力都发挥到最大。

2 白天敷不如晚上敷

白天皮肤细胞主要的功能是抵御各种外界伤害，到了晚上则转攻为守，是皮肤细胞自我修复最活跃的时候。因此，那些昂贵的、具有修复、抗老等功效性的面膜，我们更建议你在晚间使用，让皮肤在修复时候得到更多的养分呵护，隔天早上起床的面色才会更好更有精神。

3 配合按摩更吸收

通常面膜在揭开之后还会残留一些精华液在脸上，这时可以配合一些简单的按摩，加速皮肤的血液循环，促进有效吸收。按摩的方法很简单，只要用指腹在脸部打圈即可，切记任何按摩的方法都要向上提升，而不要往下拉扯，你会发现比单纯让面膜停留在脸上效果更好！

面膜正确使用方法

自媒体可以不用直接在文章中插播广告，因为自媒体我们都有自己的一个主页，主页中会添加自己的联系方式、关注方向等。

2. 不同渠道用不同内容

如果都是信息分享型的自媒体，那我们的软文可能都一样，但如果有些渠道是以视频为主，那我们做内容时，就要考虑放入视频；如果渠道都是短小精悍型的文章，那我们就要考虑图文并茂，尽量减少文字的编写。

比如某平台用户大部分是女士，我们发的软文是美白的步骤、小视频，那针对男士呢？男士也需要面膜，但是男士关注什么点呢？我们来看这篇文章，是不是男士更愿意看。

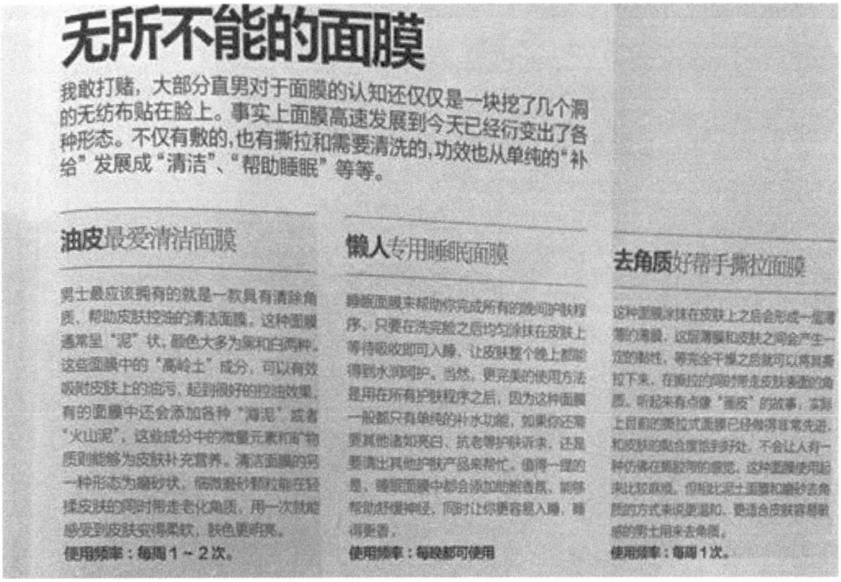

无所不能的面膜

我敢打赌，大部分直男对于面膜的认知还仅仅是一块挖了几个洞的无纺布贴在脸上。事实上面膜高速发展到今天已经衍变出了各种形态。不仅有敷的，也有撕拉和需要清洗的，功效也从单纯的"补给"发展成"清洁"、"帮助睡眠"等等。

油皮最爱清洁面膜

男士最应该拥有的就是一款具有清除角质、帮助皮肤控油的清洁面膜。这种面膜通常呈"泥"状，颜色大多为黑和白两种。这些面膜中的"高岭土"成分，可以有效吸附皮肤上的油污，起到很好的控油效果。有的面膜中还会添加各种"海泥"或者"火山泥"，这些成分中的微量元素和矿物质则能够为皮肤补充营养。清洁面膜的另一种形态为磨砂状，细微磨砂颗粒能在轻揉皮肤的同时带走老化角质，用一次就能感受到皮肤变得柔软，肤色更明亮。

使用频率：每周1～2次。

懒人专用睡眠面膜

睡眠面膜来帮助你完成所有的晚间护肤程序，只要在洗完脸之后均匀涂抹在皮肤上等待吸收即可入睡，让皮肤整个晚上都能得到水润呵护。当然，更完美的使用方法是用在所有护肤程序之后，因为这种面膜一般都只有单纯的补水功能，如果你还需要其他诸如美白、抗老等护肤诉求，还是要请出其他护肤产品来帮忙。值得一提的是，睡眠面膜中都会添加助眠香氛，能够帮助舒缓神经，同时让你更容易入睡，睡得更香。

使用频率：每晚都可使用

去角质好帮手撕拉面膜

这种面膜涂抹在皮肤上之后会形成一层薄薄的薄膜，这层薄膜和皮肤之间会产生一定的黏性，等完全干燥之后就可以将其整拉下来，在撕拉的同时带走皮肤表面的角质。听起来有点像"揭皮"的故事，实际上目前的撕拉式面膜已经做得非常先进，和皮肤的黏合度恰到好处，不会让人有一种仿佛在剥脸皮的感觉。这种面膜使用起来比较麻烦，但相比泥土面膜和磨砂去角质的方式来说更温和，更适合皮肤容易敏感的男士用来去角质。

使用频率：每周1次。

更具特色的软文

3. 借势

从投资人角度来说，借势就是"风口"。一般什么内容最热，我们就可以根据这个内容来编写文章。比如当年的"优衣库"事件，有服装品牌就打出了软文广告"你在三里屯的优衣库，我在杭州的XXX"，还有自拍神器也跟上了，FM也跟上了，各大V也分析这是不是营销事件，总之引起了一段时间的热议。

4. 活动获免费

举办一些活动，比如免费发送一些赠品，让人来关注二维码，关注就有礼品送。

二维码活动

3.7 不精准加好友

网上有很多不精准添加好友的方式，笔者总结这种类型一般如下。

◎ 社区型：贴吧、兴趣部落、专业论坛、美柚APP、QQ群、微信群、微博群等。

◎ 聊天软件：QQ、微信、陌陌、YY、lesdo等。

◎ 生活信息类：58同城、赶集网、百姓网、淘宝二手等。

这些加好友的方式一般比较简单，我们不需要写干货，只需要通过搜索个人或群，然后留下自己的联系方式即可。

比如说，笔者有一个QQ好友，他说他一个月能加几百万个好友，就是通过QQ条件查找，设定年龄范围、性别来加的。他为什么能加那么多？他说他有100万个QQ号。所以，我们加人的时候，就要大规模地去加人，比如QQ群，一个群里一天只能加1个精准好友，那就10个群、20个群来操作。一个帖子两天才能加到1个人，那就50个帖子，一天不就能加到25个人了吗？一天25个精准好友，难道还不会有人来跟你买货吗？

上面说得略微有点极端，等你能力上来以后，一个群或者一个帖子，一天给你带来3～5个好友，那你用10个群或者帖子来操作，这个好友量就上来了，但你忙得过来吗？

对于加好友，首先要明白自己的实力，知道哪些加好友方法适合自己，然后再去学习相应的加好友技巧，最后就是大量地去操作。努力去做，肯定会有结果。

笔者自己总结的经验，对于新手朋友来说，比较容易上手、推广效果又非常好的方式有两种：一种是QQ群推广，另一种就是文章推广。其他也有很多推广，比如微信附近的人、漂流瓶、摇一摇。这些方法是有一定的用处，但是人群不精准。还有人推荐说线下聚会等，这些也挺好的，但是对于某些个人来说，没办法去执行，同学聚会也不能天天举办呀。

QQ群推广和文章推广，一方面是用户虽然不算很精准但也有点精准，另一方面只要你能上网就能很好地操作。笔者认识一朋友，就通过QQ加人，一个月能成交上百笔，还有笔者本人就是用文章推广，只前期发了几篇，后期平均每天为我带来50人的好友量，是每一天，而且我只是刚开始发了几篇，后来因为接待加我的好友，就没有再发布了。

具体是怎么做的呢？因为细节很多，我就大概说一下，有兴趣的朋友除了看书之外，也可以加我好友。

（1）QQ群推广，主要就是根据你的目标用户群，找到他们有哪些兴趣爱好、他们的职业等，这在专业上叫为用户画像。比如面膜用户群体，她们喜欢美容、健身、瑜伽，那就去加这样群。到群里以后，就加目标人群为好友。

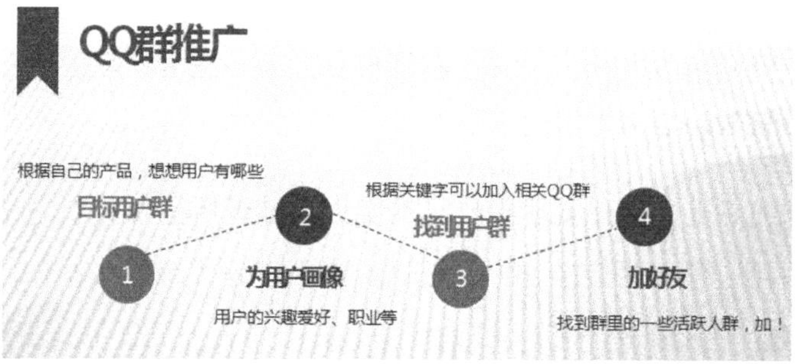

QQ群推广

【小知识】用户画像

用户画像又称用户角色（Persona），作为一种勾画目标用户、联系用户诉求与设计方向的有效工具，用户画像在各领域都得到了广泛的应用。我们在实际操作的过程中往往会以最为浅显和贴近生活的话语将用户的属性、行为与期待联结起来。作为实际用户的虚拟代表，用户画像所形成的用户角色并不是脱离产品和市场之外所构建出来的，形成的用户角色需要有代表性，能代表产品的主要受众和目标群体。

（2）文章推广，这个和前面精心写作的软文一样，主要就是通过写一些目标用户群感兴趣的文章，比如对瑜伽感兴趣的，你就可以写瑜伽的注意事项。当然，你不会写也没事，去把别人写好的文章，重新原创一下，然后留下你的联系方式，投稿到各大网站论坛，这样就会有人来加你了。笔者推荐原创文章，更有吸引力。

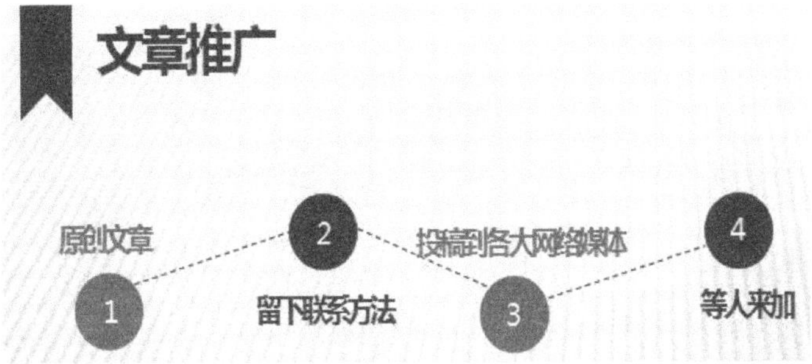

用文章推广的步骤

上面这两种方式易上手，好执行，只要你大量地去操作，肯定会有非常好的效果。

这个要注意一点，就是要有互动性，粉丝不在于多，而在于精。**有着良好的接触的朋友，更利于你引导成交**。朋友圈营销，信任是非常重要的。

第4章 推广转化必须学的思维

【背景】

一个人在大街上听见卖报纸的高声喊叫着：“骇人听闻的诈骗案！受害者多达82人！”他连忙走过去买了一份报纸。可是把整张报纸翻了个遍，也没找到那篇报道。正在迷惑不解的时候，只听卖报人吆喝起来：“骇人听闻的诈骗案！上当者已达83人！”……

这个笑话说明，懂得客户心理是多么的重要。作为营销技巧来说，不管是电商还是微商，还是传统行业的销售，了解用户都是第一位的。现在因为微商的刷屏行为，导致很多朋友都开始讨厌微商这个行业，尤其是其励志型的“说说”，还有经常性的晒单，让大家更是反感。

反感归反感，但不得不说，现在做微商的越来越多了，为什么做微商的越来越多，如果真的不赚钱，谁还去干呢？突然觉得这个有点像淘宝，零几年的时候，前辈们说，只要你上架，就有人买，但现在再做淘宝，详情页装修得要豪华，刷单刷得要高频，直通车开得要像流水，钻展、淘宝客都要搞得可以，团队要有向心力，产品要有竞争力，投了几十万几百万以后，你在淘宝能不能赚钱还是要打问号的。

本章从微商的一些营销思维入手，总结了几个我们传统销售不注意的关键点，这些有助于帮我们将产品销售出去。推广的目的就是要让更多的人知道你卖什么产品，知道的人越多，你成交的量也就越多。

本章的内容如图所示。

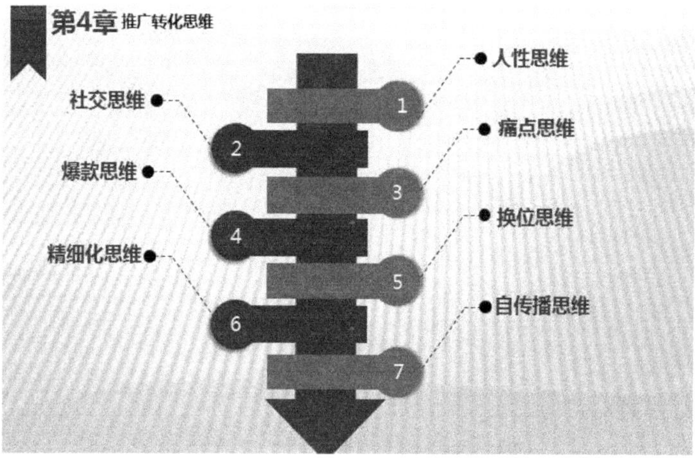

本章知识点

4.1 人性思维，让社会化营销持续爆破

平时大家能看到很多关于营销中需要运用人性的资讯，也有很多书籍资料介绍营销中需要运用到的人性知识。人性在营销中是非常重要的，这点毋庸置疑，但是如何运用好，这点就非常值得思考了。

很多资料中介绍的人性，种类非常多，少的也有10种左右，多的有几十种。这样对于我们去运用就比较困难。笔者对于成交的研究有较长的时间，对于人性在营销中的运用有自己的一些心得。其实在实际的营销推广中，经常需要运用的人性并不多，几乎所有的销售案例中，常出现的也就只有4种人性，当然要想做得更好，不仅仅只有这4种，但是这4种都弄明白以后，其他的人性，就是不清楚，也能够做得很好。

抓住人性的弱点

这四种人性分别是好奇、贪婪、恐惧、虚荣。为什么是这四种？为什么要这么排序？相信一些高手肯定能看出来缘由，但是我相信还是有很多人不清楚的，后面每个人性点的介绍，我都会很详细地说明背后的原理是什么，以便于大家能够更好地运用，下面就具体说说。

1. 好奇，引起注意

"我没有特别的才能，只有强烈的好奇心。永远保持好奇心的人是永远进步的人。

——爱因斯坦

很多人都清楚好奇在营销中的重要性，但是好奇要运用在哪些地方？相信还是有很多人不太清楚。其实好奇运用最多的地方是在与顾客初次接触的时候。现在是资讯爆炸的时代，网络上、电视里、手机里各种消息，人们想要转换注意力实在是太容易了。这个时代的好处就是，大家能够很容易地获取到自己想要的信息，坏处就是因为吸引人的东西太多，大家很难养成良好的意志力，没办法对某一件事去很好地坚持，形成不了一定的深度。

注意力

上一段说了这个时代里，**大家的注意力很容易被别的事物给引走，为什么会被引走呢？就是因为人性中的好奇。**

意大利有一家儿童用品商店，经营7岁左右儿童吃、穿、看、玩的用品。商店规定：非7岁儿童不能进店，大人进店必须有7岁儿童做伴，否则谢绝入内，即使是当地官员也不例外。一些带着7岁儿童的家长觉得有趣，想看看这个"葫芦"里到底卖的什么药，而一些带着不是该年龄段孩子的家长也谎称孩子只有7岁，挤进店来选购商品。后来，这家商店老板又开设了新婚青年商店、老年人商店、孕妇商店等，都起到了以“奇”促销的作用。

对于营销人来说，我们需要客户出于好奇来看我们的东西，对我们的产品有深度的了解之后，做出购买决定。网络上现在很多吸引眼球的东西，比如各种奇怪的标题党、各种姿态的露肉党，这些都能够很好地吸引人们的注意力。但我们毕竟是卖东西的，没办法像搞八卦新闻、神秘事件这样，弄个很奇葩的东西，来吸引顾客。**我们需要从自己产品的特点出发，针对顾客的需求，再结合人们天生对于新奇、夸张等事物的好奇心理，来制作出一个吸引顾客的宣传标题、图片或者视频。**

随着网络流量价格的降低，很多广告多以图片为主，比如淘宝的宝贝主图、直通车图、钻展推广图等。如下图所示是淘宝首页的钻展图片，“冬靴大放价”、“超值福袋”、“99元/2件”，然后搭配上几款拍摄精美的鞋子，对于想要买鞋的人群来说，会想“什么样的鞋子卖99两双？”、“福袋里都有什么样的鞋子？”、“有多超值？”、“是不是一双男鞋一双女鞋才99？”、“仅有3天，不买太亏了！”，当然这个“超值”改为“神秘”，或许更能引起人们的好奇心，吊足胃口。

引起好奇心的广告图

那微商到底如何才能激起用户的好奇心呢？这里说明三点。

1）造势，资源紧张

这点很多人在用，比如优惠活动仅限一天，前500名才有优惠，最后100箱，等等。

2）神秘，不提供完整信息

这点也经常见，比如“买够3000有神秘大奖”、“到店另有惊喜”、“扫描二维码有礼品”。

3）新奇，不同寻常的方式

很多人都关注了微博“杜蕾斯”，它的营销方式总是让人印象深刻，而且乐于为它转发。比如下雨天，它的官微就给了这样一张图，引起了很广泛的传播。

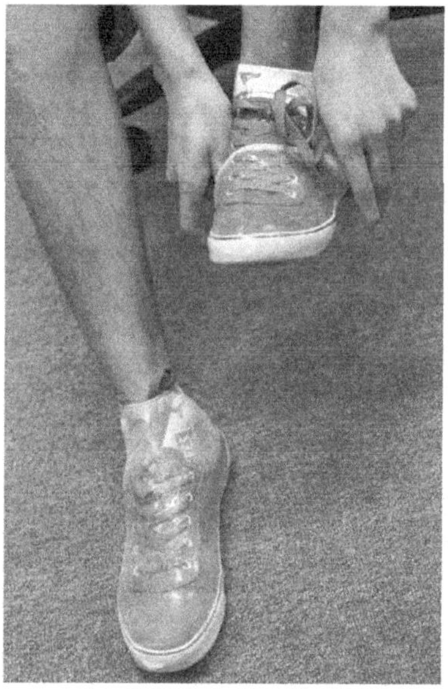

杜蕾斯别样推广

出奇方能制胜，好奇心人所共有。微商运营人员也可以试着运用逆向思维，巧用顾客的“好奇心理”扩大销路。

2. 贪婪，提升欲望

通过好奇心，我们成功地抓住了顾客的注意力，这个时候，我们需要让顾客对我们的产品产生一种相见恨晚的感觉。让顾客觉得，产品确实好，是能配得上自己的，是他所见过的所有产品中最适合自己的一款，也是自己最值得购买的一款。这个地方，我们要从哪几个角度去让顾客喜欢产品呢？

正常的流程，都是要塑造价值了，也就是常说的，对产品的“包装”，**这个“包装”就是让产品看上去很诱人**，一般产品都有自己的特点，这个时候，我们就要把产品的独特点展现给顾客。包括产品的主要效果、产品的各个功能、产品的成分、原材料的供应产地、企业的性质、媒体的报道、用户的见证。主要就是这些，一般电商网站产品描述都是这样的，很多微商在朋友圈发动态，上面提到的几点也都把他们发的内容包含进去了。

只是现在很多产品都同质化了，随着生产成本的降低，很多人都想获得利润，于是纷纷加入了生产行业，导致现在很多产品都供过于求，听说过一个段子，说的是国内一年生产的衣服，放在仓库里的，够全国人民穿三年的。为什么地摊上的衣服那么便宜，而很多质量看上去还不错，据说是很多品牌商家，把牌子剪掉，论斤卖出去的（你没看错，是论斤，不是按件卖的）。

差异化

对于有一定差异化的产品及新进入市场的产品，价值塑造比较能够吸引顾客。但是对于同质化一些的产品，就只有通过其他一些方面来让顾客产生心动的感觉了。往往比较流行的就是做活动，低价促销。很多卖家对于低价比较抵触，说要高价卖才好，我只能说他对如何定价，还没有摸到核心点，定价是要针对市场中的消费者来的，所谓的高低价，都是相对的。同一档顾客，比如80～120元为一挡，这个挡位市场需求量比较大，那我们定价就可以相对低一些，比如定在80～90之间，这样就更容易获取顾客。30～50元一挡的，及220～280元一挡的，这些顾客群体的属性不同，对于不同的顾客群体，高低价对于他们来说是不一样的。**以后千万不要简单地说高低价之分，要看顾客群体，脱离了顾客群体，再去谈高低价，没多大意义。**

对于偏同质化的产品，往往做活动、搞促销就更容易获得顾客。现在的活动价，甚至都有亏本销售的，但是，谁又会做亏本生意呢？商家的低价促销，很明显会获得市场中更多的顾客，有了顾客，就可以通过其他的方式来获取利润。每个企业的商业模式不同，但最后都会赚钱。尤其是现在竞争激烈，滴滴和快的打车在竞争的时候，都补贴打车券给顾客，大众点评及糯米网在获取顾客的时候，都送实物及现金。这里要说的是，获取顾客的重要性，有了顾客，就有很多的可以想象的空间。QQ当年因为不赢利也差点被贱卖，有了那么多用户后，也是渐渐才找到赢利模式，而现在，只要拥有一定基数的用户群，赢利方式非常多，你不找别人，别人都会来找你。

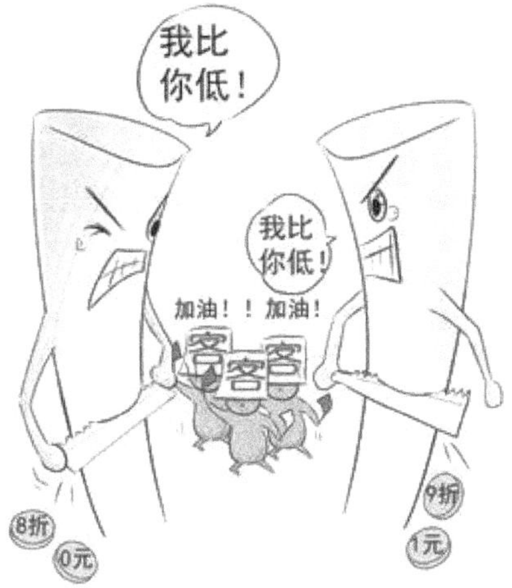

竞争

当然，对于小企业来说，我们不用像那些有钱的企业一样，但是我们可以做好自己的规划，在能够最大程度获取顾客的同时，还要保证整体项目最终赢利。

目前对于我们卖货的商家来说，有一些比较不错的活动，不仅能够很好地转化顾客，更能够通过活动本身的特性，为产品做宣传，转化更多的顾客，在这个社会化媒体营销的时代，这种活动对于商家来说就可以达到事半功倍的效果。比如微巴人人店里的几个活动工具，我在之前一直对于微店系统比较抵触，因为它本身并不能为商家带去消费者，只是提供一个成交的场所，但是看过人人店的一个活动案例之后，发现借助软件的功能，也能够更好地实现产品的宣传。

这个案例是关于赣南脐橙的，笔者因为对于水果电商了解得比较少，也一直好奇，为什么赣南脐橙比较火，但也一直都没去深入研究，最近有一个种植商家联系我，跟我简单地说了下，原来这个赣南脐橙是上过中央电视台的，一般只有江西那边的比较新鲜，其他地方比较少，而且其他地方大多数都是打过蜡的。这个店也是做赣南脐橙的，他运用了几个工具，就引爆了朋友圈市场。

（1）好友拼团，这个功能顾名思义，就是这个产品价位分为好几个档次，档次的划分是以购买人数的不同来区分的，不同档次的价位不同，有1人团（原价），5人团（28.8元），10人团（19.8元）等。顾客看到了以后，想要购买这个脐橙，可以选择原价购买，也可以选择低价购买，低价购买的条件就是找几个朋友一起组团购买。这个方式，把原本可以成交1个顾客，一下子变成成交5个、10个、50个顾客。一下子把成交级别扩大了很多倍。虽然相比之下感觉利润少了点，但是，出货量极大增加，企业总体的利润没有减少。这个活动开团仅3小时，销售额7196元，订单量781单，发展分销商142人。效果也还是比较不错的。

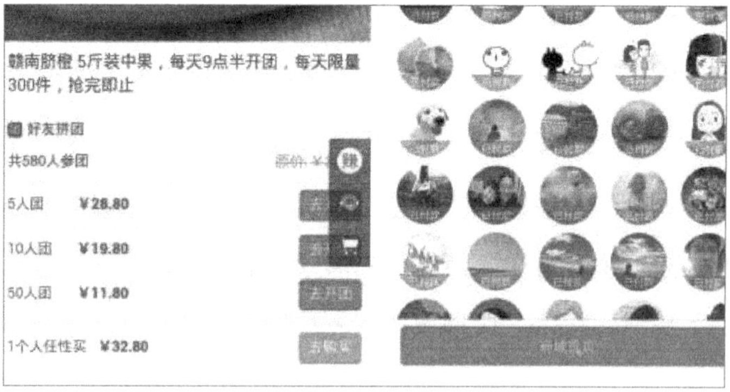

脐橙团购截图

（2）好友砍价，这个有点像是微信的集赞活动，就是分享到朋友圈里，找其他的朋友帮忙点击砍价按钮，砍价的人越多，产品的价格就越便宜。购买者想要低价购买，就要去找其他人来帮忙砍价，其他人看到了以后，觉得能够低价购买，也会想着继续找别人来砍价。这就达到了一种病毒营销的效果。在朋友之间不断地传播，而且都是用户自发的，不用第三方去监管。这个砍价活动他们的效果是砍价活动开展1天，已有355人参与砍价。

通过上面的两个活动，企业不用花一分钱做广告，短短两天时间，就有了十几万的成交额，这个传播效果还是非常好的。当然了，有些人会觉得可能价格太低了，吸引的都是比较低端的用户，企业的利润没有多少。这点大家就放心好了，每个企业都有自己的商业模式，前端的让利，获取了大量的用户以后，企业就可以针对这些用户专门设计出来一些适合他们的产品，以此来长久地获利。总之，我们能够看到的只是冰山一角，所以，对于别人的东西，还是不要妄加评论，多以欣赏的态度去研究探讨为好。

3. 恐惧，害怕失去

前面介绍了，如何让顾客心动，一个是通过产品塑造价值，另外一个就是通过做活动，这两点就能让顾客对我们的产品产生要购买的冲动，但是有冲动之后，并不足以让顾客决定购买，他们觉得很好，很想要，但是，就是不敢买。我相信很多营销从业人员一定遇到过这样的事情，其实还差一样东西，就是让顾客感到恐慌，再不买就再也买不到了。

笔者做销售这么多年，接待了太多的顾客，通过跟他们的接触了解到，在介绍完产品价值及活动以后，**很多顾客都表示出很高的兴趣度，**

但是，他们没立马行动，啥原因呢？很简单，他们怕。怕什么呢？他们自己也不知道。总之就是怕，你要是问他的话，他也能跟你说出来怕的原因，但是，你能明显地感觉到，其实他说的那个原因，根本就已经给他解决过了。就我自己的分析是，很多顾客在听完介绍之后，有很高兴趣时，感性上是非常想买了，但理性上告诉他，等等，再等等。这个理性拒绝的原因，笔者分析有两种原因。

◎ **一种是自己以前做过很多错误的决定，导致后来自己要承受糟糕的情况，因此以后不能再那么轻易做决定了；**

◎ **另一种原因是资金并不是那么的宽裕，不能够随便做决定，需要多方对比才行。**

如何突破顾客理性上的拒绝呢？就是刚才提到的，再不买，就再也买不到了。我这个产品或者活动，是限时限量的，错过了这次，下次就再也没有这样的机会了。人们都有过错失机会而抱憾的经历，所以，再遇到这种要错失机会的事情的时候，他们往往会选择让自己不再遗憾。通过这点，就能够更好地促进销售。当然现在这个方式很多的商家都在使用。虽然被大家都用烂了，但是功效依旧非常好，人性的弱点，总是难以避免的。从心理学角度上来说，这也是人类都具备的“损失厌恶”心理。

【小知识】损失厌恶

损失厌恶是指人们面对同样数量的收益和损失时，认为损失更加令他们难以忍受。同量的损失带来的负效用为同量收益的正效用的2.5倍。

以京东首页的广告为例子：2000+品牌海购，2元限时秒杀。想要买衣服的，看到以后，是不是立马想看看，了解下这个到底是个什么情况，以免自己错过了这么大的优惠。

限时广告图

4. 虚荣，促进分享

这一步也是很多人不那么重视的，但现在移动社交平台的便捷性，让分享成为了一件非常轻松的事情。前面谈到第二个人性“贪婪”的时候，我们提到了人人店做的活动，那个活动能够让顾客去分享，但是与这里的分享是不一样的。前面的那个分享是提升顾客欲望，这里的分享是顾客购买以后形成的口碑式分享。

首先我们要知道顾客为什么要分享，其实人性当中都有攀比的心理，希望自己比别人好，自己的经历比别人好，自己所有的东西都要比身边的朋友好。

有一句话说得很对：闺密情就是我希望你好，但不希望你过得比我好。也正基于顾客的这种心理，我们就要引导顾客分享。笔者以前做淘宝的时候，顾客收到货以后，我会跟他们说，帮忙分享到QQ空间里，并且好评，可以获得返现。于是有一部分人这么去做了。我当时觉得这种以金钱诱导顾客分享，其实并不怎么好。因为顾客是收了钱才去分享的，并不是顾客本身想要去分享，所以，他在分享的时候，会觉得是对朋友的一种打扰，而且很多时候，可能在收到返现以后，立马就把分享的广告删掉。

我们应该引导顾客本身愿意去分享，通过设置一些具有社交属性的东西，让顾客产生分享的欲望，进而才行动。人们既然想要自己的经历比身边朋友的经历更丰富多彩，新奇多样，以此才能产生出自己的优越性。那我们就可以提供这种东西给他。有个例子是关于跨境电商小红书的，小红书为什么会引爆朋友圈呢？他们用一周多的时间，在上海派了10个“鲜肉快递员”，选中一些购买了产品的真实用户去递送产品。这个活动最后达到了什么样的效果呢？在6月6日当天，小红书的销售额相当于5月一整月的销售额。

小红书鲜肉快递员

还有小红书包裹自身上的广告语，顾客收到包裹以后，看到一句话很独特，觉得很新奇，就会想着分享到朋友圈，这样就相当于免费为品牌打广告，让顾客身边的人也都知道品牌的存在，吸引他们去平台注册，最终成为平台的顾客。类似的有淘宝店三只松鼠，实体店黄太吉，等等。

小红书

现在读者了解了为什么要这么一二三四排序了，这正好是成交的整个流程，先吸引顾客，再让顾客产生欲望，再接着就是进一步让顾客下购买决定，最后就是购买以后的分享，让他身边的朋友受到他的影响，也来购买我们的产品。当然了，还有许多其他方面的人性，如懒惰、随大众等，这些是在上面主要的流程通顺以后，再逐步地增加上去，会有更好的效果。通过前面的分析，对于如何把人性更有效地运用在微商中，大家应该有所知晓了。最后，就让每一点都在实践中带来效果吧。

4.2　社交思维，用“互动”打动潜在客户

现在社交电商发展得如火如荼，颇给人一种可以取代淘宝、成为下一代商业市场的主流模式。在社交电商的大框下，各种各样的销售营销模式都被人无限地吹捧，微商、微电商、社群、微店、微博橱窗等。对于微商这块的操作，目前大众主要认可的几个步骤就是，加粉、发朋友圈、互动、成交。尤其是对于互动，微博上很多微电商达人们都在做，而且很多电商人的意思就是，互动一定得做，必须得做。但是为什么互动呢？咨询了几个人，他们的意见又不相同。

就我的观察，有些人在做互动，他仅仅就是为了互动而互动，有些人的互动已经属于骚扰了。做微商，我们的最终目的就是成交。那互动的目的又是为了什么呢？也只有明白了互动目的，才能够更好地把互动效果做到最好。

互动

互动这块，笔者认为有两个目的：**①传播，②增加信任**。针对不同的人群，所要达到的目的是不同的。

1. 传播

首先我们要知道传播是什么，怎么发生的。传播就是一条信息通过一个人向另一个人宣传。传播很简单，但是呢，我们需要的是引爆，想要有更大的知名度，获取更多的粉丝的关注，如何引爆呢？

在《引爆点》这本书里，有个观点是，信息一定要经过有一定影响力的人传达，然后才能获得大众的认可。因此，我们的信息想要能够引爆，首先要找到相关行业里的知名人士，让他们来帮助我们转发，让更多的人看到自己。这个时候，我们往往是与粉丝量比较高的人群进行互动。比如你跟一个微博大V互动，你的评论写得很好，获得大V的转发，这样你就能让大V的粉丝看到你，进而去关注你。哪怕没被大V转发，就在微博下面评论，因为大V的粉丝量众多，也会被很多人看到，只要你的评论精彩，照样会获得很多人的关注。

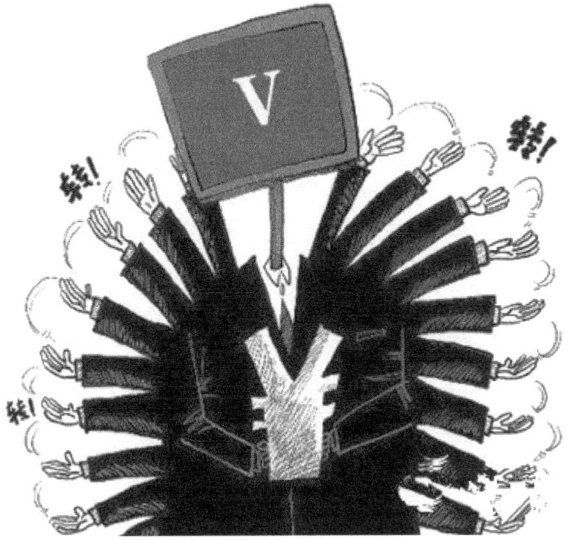

大V

【一些大V案例】

（1）“咪蒙的贱人就是矫情”，原本咪蒙就是专栏作家，本身就有一定的影响力，她的文章发出去后，获得很多人的转发，包括一些知名人士。文章能够引起大众的共鸣，也是因为有名人的转发，才使得文章火爆。

（2）“转12万抄史记”，笔者特意去看了他的微博，在最初的时候，没有发现有名人去转发，但是转发量还是相当的大，原因是创意本身就具备引爆的属性。但是想要制作出这样的创意，本身是比较困难的事情，尤其是对于初做微商的人。

（3）再说下papi酱，她的吐槽，很多人都觉得蛮有趣的，但是仅仅吐槽的内容，就能获取那么多的粉丝吗？笔者觉得有几个原因：短视频是未来内容创业的方向之一；多平台发展多角度俘获粉丝；优质有个性的幽默视频。这些组合在一起，造就了今天的papi酱。

（4）还有马佳佳，毕业于传媒学院，她说自己有5000个媒体的校友粉丝，因为每一个都是媒体，这些粉丝都具有一定话语权，她的内容足够优秀或劲爆后，再经过那么多人的宣传，一下子就火爆起来了。

以上是大V的一些传播方式，前面那个咪蒙的引爆，对于大多数人来说，就更加切合实际操作。所以我们要找到有话语权的大V来帮我们扩散，当我们的内容再比较优质时，那就更容易在朋友圈里引爆了。

那大V也不可能无缘无故就给我们转发信息呀。我们可以通过付费的方式让他们帮我们推广，比如很多的微博小V，粉丝少，于是找微博大V并付费，让大V来帮忙转发。这个方式会比较快，效果也不错。但是，这个用钱解决的方法，毕竟还不是社交。我们要想获得大V的转发，首先要知道，大V为什么要认可你？明白了这点，再操作起来就会比较容易了。

人都是会对彼此同频共振的，如果说你有0个粉丝，那不好意思，真的没有人愿意搭理你。所以，首先你要有一定的粉丝量。其次，你的言论等对于大V能产生关系，这样能够提供互动的机会。

对于普通微商自己的粉丝呢？我们可以发一些能够引起粉丝共鸣或者对粉丝有价值能够调用粉丝转发的动态，这样自己粉丝的粉丝看到以后，觉得好的话，也会来关注你。甚至有一些粉丝会主动@一些对这块很有兴趣的一些人，让他们来看你的动态。像那些事件营销型的传播，各种微博矩阵式的推广，最后引来媒体的关注（网络水军的那种），不在这个讨论范围内，一般人也很难操作起来。

2. 增加信任

大家一定要明白，“诚”是做生意的基本条件，自古以来，做生意都将就“诚信为本”。马云曾说过，这个社会是不受信任的社会，在生活中就是这样，网络上更是缺乏信任感，但是阿里巴巴、京东、淘宝这些大型平台每天都有千万笔交易的存在，这又是为什么呢？因为他们有严格的审核机制、惩罚机制、信誉机制等，这些都是随着用户的积累和知名度而造就的，但是微商没有他们的资源和知名度，又该怎么办呢？

增加信任，这点大家都能理解，经常去关心别人，与别人交流，时间久了，彼此之间就会增加一定程度的信任感。在销售中也有一个规律，就是说，接触顾客7次，成交率就提升到40%以上。在不断地相互接触之中，慢慢地对方对你的信任度增加了，逐渐地产生了好感。这样一来，其他人对于你的要求，或者顾客对于你销售的东西，都比刚开始联系的时候，易于接受。

笔者从过往的经验来看，增加客户的信任主要有两点：

（1）多方位地展现自己或产品的详细资料，包括个人资料、产品资料，还有朋友圈、QQ空间的资料完善。具体如何完善，在好友圈运营那章已经说过。

（2）详细的客户案例，我们应该相信大多数人都有盲从心理。如果大家都买，他觉得产品肯定应该不错，要不然怎么会有那么多人去买呢？

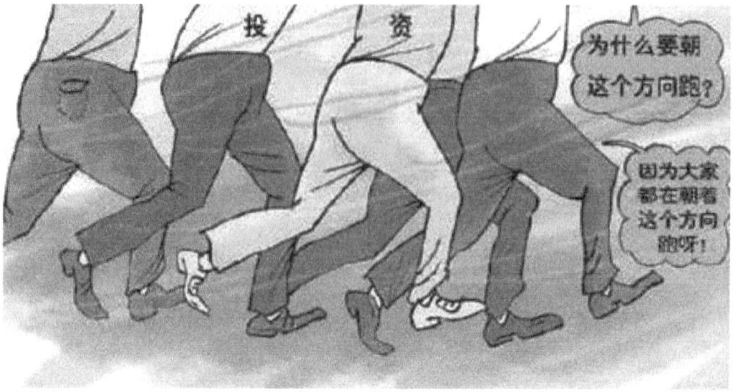

盲从

【小知识】盲从心理

盲从心理一般都称为从众心理。从众心理的特点：从众行为是指个人在群体的压力下，会使个人放弃自己的意见，而选取和大多数人一致的意见。我们平时所说的“随大流”就是一种从众行为、从众心理。从众心理是一种很普遍的心理活动。因对自己的判断缺乏信心，对后果没有十分的把握，随大流以求心安。

对于我们做微商的人群来说，互动的主要目的，就是为了获取顾客的信任。而且，互动的本质也就是信息与价值的相互传递，我们为他人提供有价值的东西，他人也会相应地回馈给我们一些有价值的东西。就是我们在做销售的时候，第一次跟顾客介绍完产品之后，绝大部分顾客都会说要先考虑考虑，一般后续再交流几次之后才会选择跟我们成交。

3. 互动的方式

接着就是互动的方式了。目前来说，对于做微商的人群来说，有这么几种方式，**动态评论、QQ微信即时消息、打电话联系、直接见面交**

流。不同方式的互动，能够达到的效果也有很大的差异。

先说下传播效果，动态评论、微博及QQ空间都会有比较不错的传播效果，微信则没有。即时消息、打电话、见面也就更没有什么传播效果可言，因为这些只是一对一的交流，并没有让其他人参与进来的条件存在，当然会有些人把交流的内容发出来，但是毕竟只是极少数。

再说信任度，评论、即时消息、打电话、见面交流，信任度依次提升。因此，要想快速获得对方的认可，能见面就见面，不能见面最好就打电话。不过对于微商从业者来说，打电话和见面都不太实际，更多的就是使用即时聊天工具和评论了，使用聊天工具，视频好过语音，语音好过文字。

最后就是评论了。当然评论有很好的传播作用。

以上方式可以综合考虑，多管齐下，能够更好更快地把信任建立起来。

还有一种互动，**既能够提升转化率，又能够很好地达到传播效果**。**这个互动就是举办活动**，不过需要一点点的策划能力。需要及时抓住社会热点，流行趋势，配合自己的产品，策划出来一个让大众得到实惠，并且能够达成商家的运营目的，如提升销量、清库存、获取更多新顾客等。比如现在较为流行的集赞或者拉好友进群免费送礼。就有一个小姑娘是做酒店前台，兼职微商卖护肤品，也不会加好友，就用让好友拉人进群免费送礼的方式，获得了几百个顾客，做了几个月微商，平均每个月都有两三千的收入。

互动要做好，首先要明白互动的目的，根据不同的目的，再选择合适的方式来让目的能够更好地完成。下面重点说几种互动的方式。

微营销互动（李雷霆）

1 发布用户最关心的话题	易于转发 产生共鸣
2 转发用户对我们的评价	客户见证 降低客服工作
3 及时回复用户的评论	解答疑问 让用户感受到重视
4 解答用户的难题	帮助用户选择 做好售后
5 有吸引力的活动	快速提升信任 增加用户黏性
6 真诚的态度	不要标准化流程 要真心为顾客着想

微营销互动方式

1）发布用户最关心的话题

收集用户关注最多的问题，然后做出一个答案，这样来解决用户的内容，而且容易引起转发。转发以后，用户的朋友看到的话，对这方面感兴趣的话，也会来关注我们。这就相当于真正的分享式推广。就像一个例子，鸡蛋从内打开就是生命，从外打开就是一道菜。

有的人是喜欢做活动，转发免费领取礼物，虽然这样也能够带来粉丝，首先一方面要花钱，同时另一方面就是带来的用户是对礼品感兴趣的，而非真正对我们感兴趣的用户。我们需要的是真正对我们感兴趣的用户。

2）转发用户对于我们的评价

用户对我们进行评价，说明用户真的在关注我们，如果我们给他转发一下，那用户会觉得受到重视，会与我们的关系更近一步。同时一些好的评价，可以作为客户见证，增加其他没有成交的用户对我们的信任度。一些问题型的评价，我们转发以后，能够让很多人都看到，这样可以减少客服的工作。

3）及时回复用户的评论

人都是有感情的，谁都希望得到别人的重视，别人给自己评论以后，尤其是一些有问题的评论，他们是想尽快得到我们的答复，如果是等了几天、十几天再来回复，那人家都没有兴趣了。而及时地回复用户的评论，一方面能够及时地解答用户的疑问，另一方面也能够让用户感受到自己被重视，这样对于提升用户对我们的信任度非常有帮助。

4）解答用户的难题

一个用户在问一些与我们产品有一定相关度的问题的时候，如果我们去解决了他这个问题，那么他就会对我们产生好感，提升信任度。当一个用户在购买之前，不知道什么样的产品适合他，而我们给了他专业的建议，让他更加明智地选择产品，同时我们也有这样的产品，那么用户会更加倾向于购买我们的产品。

如果用户购买了我们产品之后，出现了自己不懂的问题的时候，我们给他解决，又会提升他对我们企业的满意度。

5）活动

活动可以让用户感受到惊喜和刺激。虽然我们会提供有价值的信息，但是用户心理已经有了预期了，刚开始可能会觉得每天的资讯就很好了，但是后面就觉得是应该的了。而偶尔做的活动，并且每次活动都不一样，这样就可以让用户感受到新鲜感，一方面可以刺激新用户快速地提升对我们的信任度，另一方面也能增强对老用户的吸引力度。

6）真诚的态度

有些人觉得态度这个东西是虚的，只要把一些需要注意到的点给做到就足够了，因为人往往都是遵循着某个模式的，只要你能够触发这个模式里的几个关键点，那就能够让用户喜欢你。尽管如此，一个机器人与一个真实有着真情实感，发自内心愿为顾客着想的人，还是有着本质的区别的。就比如一些空姐，虽然很漂亮，面带微笑，但是，你进机舱的时候，她嘴上跟你说着欢迎，但是眼睛却看着后面长长的队伍，顿时你就会感觉这个人很虚伪。一个发自内心想为你服务的人，你是能够感受到他那份真诚的。比如，你问了笔者一个问题，这个问题你一直百思不得其解，我就说尽力帮你解决，你也没抱太大希望，但是过了几天，我把答案告诉了你。如果不是真心想为你服务，我干嘛费事去帮你解决一个很少人知道答案的问题呀。

以上几点大概说明了如何与用户互动，具体的实施操作，需要针对每个人具体的情况来执行，不要和别人一模一样，一定要有自己的特色。

4.3 痛点思维，发布精准动态

我接触到的现在很多发朋友圈动态的朋友，他们大多一天七八个产品广告图片、又是励志型的段子、又是紧急缺货呀，等等这些。如果是刚开始觉得新鲜也就还好，老是这样，别人就会烦，因为一打开空间或者朋友圈动态，全是你的广告信息，一些想关注的人的动态都看不到了，久而久之，会对你产生反感，甚至，屏蔽你，拉黑你。

尤其是现在做微商的多了，你一天七八条广告，同行也是七八条广告，那**你们的朋友以后都要考虑还要不要再玩微信或QQ空间了**。

因此，朋友圈发布动态，需要在不打扰用户的同时，再传达出我们想要传达的信息，以此来引导顾客使用我们的产品或者服务。

发布什么样的动态不会打扰到用户，同时，又能够传达出我们的信息呢？这就需要我们去分析我们的用户了，看看用户内心需要什么样的东西，我们就有针对性地来发布动态，以达到我们想要的效果。

笔者的朋友圈里做微商的比较多，这里我把他们当成自己的客户，来做个简单分析。经过笔者调查发现，做微商的群体主要有三类：**①工资较低的打工人群，②在校大学生，③全职妈妈**。

对于这三类群体，虽然都是做微商，但他们的心理状态是不同的，如果想更好地发布动态，我们就要去了解这三类用户群体的痛点。

工资较低的打工人群的痛点是：**收入低，不自由**。

在校大学生的痛点是：**钱少不够花，同时自己已长大，但是却不能赚钱**。

全职妈妈的痛点是：**不能赚钱，花的都是老公的钱，既增加家庭负担，想花钱给自己购置点什么，也不舍得，想为自己父母买些什么东西，也不好意思**。

通过上面的分析，笔者把微商从业人群的痛点给分析出来了。那我们发布动态的时候，就分别对三种不同人群的不同心理需求来有针对性地发布，这样才能找到共鸣。**如果你的用户群中大学生居多，但是你发的动态是上班苦逼，不自由，他们没办法有那种切身体会，这样你的营**

销效果就会大打折扣。

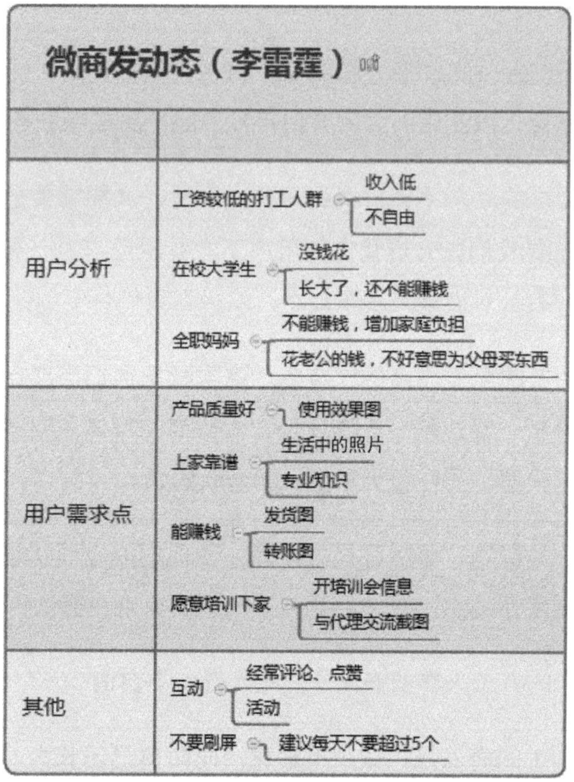

微商发动态

以上是三类人群不同的一些地方，他们还有一些共同的地方。具体有哪些呢？

（1）产品质量好。

（2）上家靠谱。

（3）能赚钱。

（4）要愿意培训下家。

主要就是这4点，具体每一点如何做，如何通过一些具体的表现方式，传达出来上面的4点呢？

（1）产品质量好：把使用过产品的功效图给发布出来，自己的、用户的等。

（2）上家靠谱：体现靠谱的主要就是生活水平、专业能力。发布有品位的生活照片、自己的专业案例等。

（3）能赚钱：发布银行转账截图、库存截图等。

（4）愿意培训下家：发布与下家交流的截图、开会讯息等。

上面这些做好以后，还有两点很重要，**一是互动，二是不要刷屏**。笔者建议，每天的动态最好在3条以内。

微商最重要的是坚持，而不是瞬间的爆发，犹如细雨滋润大地一样，慢慢地去渗透。

4.4 爆款思维，微商也要单品突破

为什么你的店铺生意寥寥，而别人却每天都有上千的订单。可以说二八法则适用于任何行业，只有20%的店铺能赚到钱。一家品类众多的店铺，也不过是只有20%的商品比较热销。就是我们平时用到的手机，能够被经常使用到的功能也就是20%而已。

因为互联网的发展，顾客获取信息更加便捷，好与坏更加容易了解。想要像之前那样靠信息的短缺来忽悠消费者是越发困难了。想靠多产品战术来吸引消费者也越来越不靠谱。消费者很容易能够接触到

行业中最好的店铺、最好的产品，他们只愿意花同样的钱，购买最优秀的产品。

如何让自己的店铺成为顾客所心仪的呢？成为最好的店铺！

如何成为最好的店铺呢？店铺中有各方面都超越同行的产品。

如此一来，大部分顾客购买那一件产品时，都会优先考虑我们。

1. 爆款思维包括什么

之前别人提到爆款思维就说是要有一款让用户“尖叫”的产品，因为只有产品好才能让用户愿意买单。但是，这种产品只有一小部分人能够做到，大部分产品都是趋于同质化的，甚至能做产品的人都是很少的一部分。在通往顾客的路上，生产的人占少数，卖货的人占大多数，包括厂家销售人员、代理商等。对于他们来说，极致的产品不属于他们研究的范畴，对于那些只会模仿而没有研发能力的厂家来说，极致的产品也不是他们研究的范畴。这时就有一个解决方案——爆款思维。

爆款思维就是，只要我们在出售产品的过程中，有一点能够让我们优于竞争对手，让我们能够突出，在用户选择产品的时候，就会优先考虑到我们。也就是，凡是能够让用户购买产品时，优先考虑到我们的一些点，都可以是我们爆款思维里的一部分。笔者总结一下：**有产品、活动、促销、服务及情怀，也可以是这些点的组合。**

该如何使用爆款思维，也就是如何建立自己的竞争优势，笔者从理性角度和感性角度两方面来说。

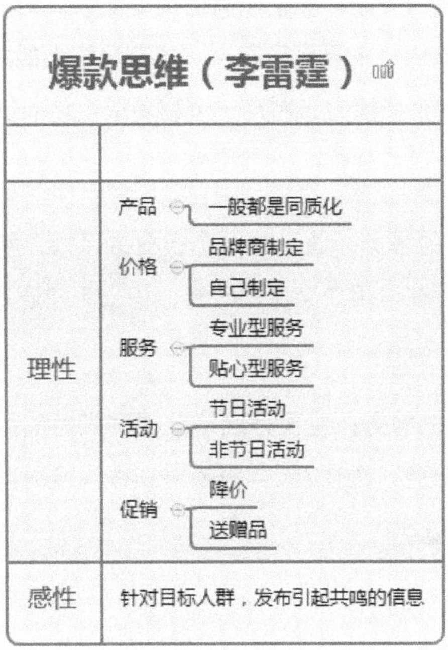

爆款思维

2. 从理性角度来说

1）我们如何才能拥有自己的爆款产品

打造优势，我认为有两点是很重要的：一个是理性，就是趋利避害，我们拥有更好的东西，把这一点展示出来，让消费者能够感知到；另一点就是感性，通过与消费者情感之间的沟通，让其对你产生信赖（比信任层次更高），只要是你推荐的产品，他有需要的话，就会购买，甚至没有需要也会购买。

2）价格

有些品牌产品的价格，都是由品牌商制定好的，价格的变动只能按照品牌商的要求来做变动，我们没有任何变更权。对于自己能制定价格的产品，可以选择低价来吸引顾客，如果有足够大的成本优势，也可以针对目标消费者的消费能力，制定一个利润最大化的价格。

3）服务

（1）专业型的服务：通过对一个行业的了解，能够深层次地发现用户遇到的问题，在与用户交流的时候，指出用户遇到的问题，并提供解决方法，如专家指导。

（2）贴心型的服务：主要是围绕让顾客满意的点来提供相应的服务，比如包退换服务，每周7天客服随时在线，及时解答用户遇到的问题。

4）活动

活动往往意味着有趣、优惠、惊喜等。一般可以是节日活动或者避开节日来举办活动。例如，光棍节买产品送肾六。

5）促销

促销就一点，花更少的钱，获得更多的东西。对于能够改变价格的，我们可以直接降价，对于不能改变价格的，我们可以赠送赠品等。

3. 从感性角度来说

从感性角度来说就是“个性化”。针对消费者心理及个人独特性格优势，做出有统一特色的店铺，发布的动态要能够催眠用户，引发共鸣。

对于代理来说，不建议一下代理很多产品，而是代理自己能够创造出优势的产品。当然，如果有实力对很多产品能够同时打造出他们的竞争优势，或者对产品的组合有着比较好的规划，也可以一次性代理很多产品。

如果不清楚如何创造做产品优势的代理，笔者建议开始最好选择一个产品（或者同一目标顾客的少量互补型产品），这样对着一个产品进行打造，比较容易找出属于自己的竞争优势，然后再针对吸引来的顾客，通过与顾客的交流，了解他们对于其他产品的需求，再逐步地添加相应的产品。

4.5 换位思维，找出成交的秘密

我们作为卖家，销售产品，都希望顾客来购买。但是很多时候，顾客都去选择了别人，而自己只能找到很少的一部分顾客，甚至没有顾客跟自己成交。什么原因导致的？这背后又有什么样的规律？笔者给大家介绍下这方面的问题。

1. 顾客购买产品时的关注点

顾客购买产品，主要就是他有问题需要被解决，而这个问题是他自己解决不了的，需要通过别人的帮忙，为此，他愿意支付一定的费用。为了让自己的钱花得物有所值，在购买产品之前，顾客往往会先进行思考，然后选择出自己认为最好的。那顾客会思考哪些东西呢？

1）产品效果

产品效果就是产品能够解决顾客的问题的程度。与时间周期、使用便捷性、使用时的体验、使用后的效果等有关系。比如一件衣服，穿上就能知道效果如何，用眼看手摸就能知道材质好不好。比如护肤品，用多长时间能见效果，使用的时候麻不麻烦，用的时候护肤品的味道是不是难闻，涂在脸上的时候感觉如何，使用之后的效果能不能达到预期。

2）方便性

这点就是购买时的方便性，与使用产品的便捷性不同。这个就是购买的时候，难度大不大。比如有些产品，尤其是贷款这类的，都要经过很多道手续。对于一般的商品，比如就是看购买的时候，麻不麻烦，同样的产品，预售的就比不过有现货的。同样的价格，网购的就比不过楼下超市的。

3）可信度

顾客购买产品，对于产品本身及对于商家都会预先有一个认知，这个认知，也就会形成一定的信任程度。同样的产品，不同的商家、平台，那顾客对于他们的信任度是不同的，当然顾客会选择最可信的商家来购买。比如，同样的产品，同样的价格，顾客更愿意选择能够在购买之前先体验到产品的商家那里。所以，同样价格的情况下，顾客当然更愿意选择实体店了。

4）价格

人们在购买产品之前，往往都会有一个价格预算，大概购买什么价格区间的产品。在确定好区间以后，就会去找价格区间上下浮动的产品，再通过对比，找出性价比最高的。为什么早期那么多人通过淘宝购物，首先淘宝上产品种类比较繁多，其次是产品价格真的很低。实体店一部手机要1800元，同样的产品，天猫上只要1100元，你会买哪一个？

5）服务

因为产品本身会有一定的瑕疵，以及使用过程中会出现损坏。所以，顾客为了确保自己购买的产品能够得到最好的保证，会选择从服务最佳的商家里购买。比如，亚马逊的一款国行平板电脑要499元，但是淘宝上有同样的亚马逊日本水货平板电脑，只要430元。你会选择哪个？笔者想大部分人会选择有服务保障的国行，虽然贵几十元，但是买的是个放心。

2. 顾客的分类

消费人群是不同的，不同的人群也就需要有不同的应对策略。顾客可以分为下面这么几类：

◎　创新采用者（2.5%）大胆热衷于尝试新观念、新产品。

◎　早期采用者（13.5%）发现新技术能够满足其需求，就会购买。

◎　早期大众（34%）这群人会经过深思熟虑之后再购买。

◎　后期大众（34%）疑虑较多，等到大众都开始接受以后，才会购买。

◎　落后采用者（16%）比较的守旧，往往以过去的经验为购买依据。

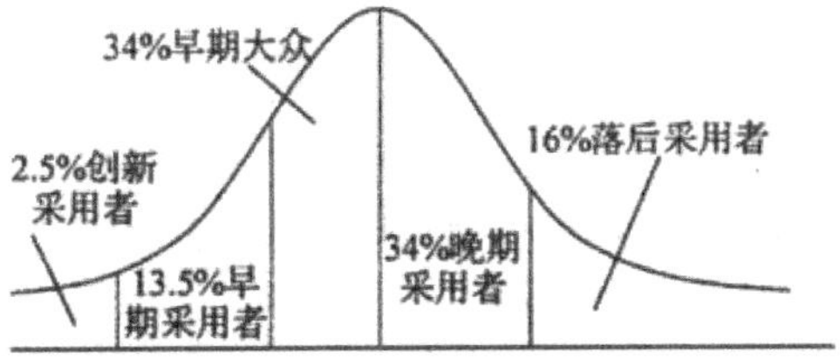

顾客分类

创新采用者及早期采用者，这两类用户，一般都比较容易成交，他们具有一定的冒险精神。但是后面的绝大部分的顾客，他们就没有那么容易成交了。这样也就形成了一个鸿沟。很多卖家会发现，自己的产品，有人来购买，但是购买的人群很少。主要原因就在于你不能够满足后续大众人群的内心需求，获取不了他们对你的认可。

◎ 前期冒险型顾客，他们主要会以产品的功效作为选择的依据。

◎ 后续跟随型顾客，他们更多的是以产品的口碑作为选择的依据。

3. 如何让顾客选择你

通过对顾客的关注点分析，我们知道了顾客购买产品时会在意哪些点。这样有助于我们不断地提升改善我们的销售方法。

通过对顾客种类的分析，我们知道了，有成交不代表我们的方法就一定是对的，要获取主流市场的认可才行。

所以，如果说你只是在宣传产品，就有人来跟你成交，那么你就不断地如此进行下去，那你只能成交很少的一部分人群。毕竟冒险型顾客比较少，只去成交他们，那我们的市场就非常的小。

其他的人群，你需要提升你的信任度，让大众对你及你的产品都有很高的信任值，这样才能够获得主流市场的青睐，获取了主流大众市场的青睐，那才是把生意做大。

4. 如何提升顾客对产品的信任

提升顾客对产品的信任主要有三个方面：**广告的告知、已购用户的**

口碑分享、购买前的试用体验。通过这几点，顾客就能够对你的产品表示认可或者不认可了。

（1）广告的告知：把产品的特性、卖点传达到顾客的面前，让顾客对产品有个基础的认知，并对产品产生浓厚的兴趣。

（2）已购用户的口碑：购买过产品的用户对于产品的反馈，也就是常说的客户见证，还有媒体的见证，比如一些测评机构。通过已购用户的口碑，让潜在顾客认可产品。

（3）购买前的体验：这一步是进一步提升顾客对于产品的认可，在顾客购买之前，先体验到产品的效果，来进一步帮助用户下决定。

可是解决了上面三个问题，顾客就会选择你吗？不是的，因为你还有竞争！

你卖的产品是在任何地方都可以买到的，价格都相同的情况下，顾客会选择那个对于他来说最信任、最方便的地方购买。

对于这种情况，我们就需要得到顾客对我们自身的认可。而且这个认可超过他所接触到的其他商家。如何获得他的喜爱和认可，可以看看戴尔卡耐基的书。

还有一种情况是，你卖的产品，只能在你这里购买到。那你就要在获得顾客认可的同时，还要让顾客相信产品是好的。

价格服务重要吗？

上面只是提到了产品效果以及信任度。对于方便性、服务及价格没有涉及。笔者想说的是当你及你的产品获得顾客的高度认可之后，后面的三点，重要性就很低了。只有同行之间信任度相差不是很大的情况下，后面的三点的重要性才提升。如果说你的信任度和其他的同行之间都差不多，那就再通过价格、服务及方便性这几点入手。而你开始就从价格、服务入手，没有提升信任度，就算价格服务很有优势，也很难卖掉货。

一些特殊性质的顾客购买行为

还有一些顾客的行为，已经脱离了我们上面所提到的，对着这些顾客，他们买东西又是何种原因呢？

顾客在自己基本上无感知的情况下，获得高回报的。比如1元购买超过10倍价格价值的产品。

明知道是假的，但是还是不断花钱，买的是内心的一种渴望。比如，孩子过世的父母，宁愿给骗子转账，假装相信自己的孩子还在世。

顾客并不需要产品，但还是会购买。主要是你能提供给顾客其他的东西，顾客想获取其他的。比如你有人脉，顾客想通过你认识其他的人，所以想要成为你的顾客。

通过上面的分析，如何成交顾客，相信大家应该有了一个比较全面的认知，然后再去把握住细节，成交顾客，就不在话下啦！

4.6 精细化思维，解剖成交额和利润

任何一个行业做得久了，都需要精细化一些的操作。比如做淘宝的，淘宝以前有量子恒道，现在的生意参谋。从目前来看微商从草莽时代进入精细化运营时代，无论是平台方的介入（腾讯），正规分销系统的出现，还是纯靠资源一锤子买卖微商的覆灭，都说明微商进入规范化

时代。精细化运营的结果是，通过各种数据记录，让卖家能够清楚自己的流量来源，成交效果，进而可以更针对性地优化自己的销售方案，使其效果最大化。

微商精细化

对于微商来说，我们没有像淘宝这样的专业的工具，当然有一些微商城，不过，就我个人来看，开个微商城，还不如开个淘宝店（顾客更信任淘宝店），虽然微商城会有这样的工具，但是，做微商的大部分卖家，还是很少有使用那些微商城的。

既然不使用那些微店应用，如何更好地让我们自己的销售行为效率更高、效果更好呢？笔者给大家介绍一些要点，掌握好这些要点以后，就能够更好地精细化运营自己的微商了。

先介绍两个公式，其他的都是从这两个公式所延伸出来的。

利润=成交额-成本

成交额=好友量*转化率*客单价

我们先从成交额说起，就是平时大家所说的流水，每个月有多少流水。

1. 成交额

1）好友量

就是加到好友的数量。正常来说，好友量越多，成交量也就越高。理论上是如此，但这里又牵扯到一点：**精准好友、宽泛好友**。精准好友就是那些对产品需求度比较高的人群，宽泛好友就相当于随便从大街上拉一个人认识，也不知道他的需求。第3章已经很详细地介绍过精准好友，这里不再多说。

好友量

也不是说卖东西只要加精准好友就行了，宽泛好友不用加。每种好友都有其自身的特点。精准好友虽然意向度高，但是数量毕竟有限。宽泛好友虽然数量庞大，但毕竟成交率很低。所以，你刚做微商的时候，最好是先以精准好友为主，等到你发展得足够大了，再去考虑宽泛好友。当然，笔者做得不大，一直都是以加精准好友为主。

要加什么样的好友选择好了以后，就是选择加好友的渠道了。

加好友的渠道有很多种：百度搜索、贴吧、微博、软文、新闻源、视频、分类信息、QQ群等。在同样的动态，同样的客服交流的情况下，哪种渠道的成交率最高，就多以哪种渠道为主，扩大宣传。其次，就是优化成交率一般的渠道，使其客户精准率更高。或者就直接放弃成交率比较差的，更换新的渠道。

上面是从转化率的角度来分析的，还有一点就是，**好友量，因为不同的渠道，加好友的难度是不一样的**。有些渠道非常精准，但是，可能会发现，特别难加，一天可能只能加个两三个，但是加上去几乎都能成交。但是两三个人又太少了，那我们就要去找稍微容易加好友的渠道，可能转化并不是太好，比如，加10个好友，只能成交一两个，但是一天能够加个五六十个，那这种也是比较优质的加好友渠道。如果有的渠道加好友容易，一天能加200～300个，但是最终一个人都不会跟你成交，这种渠道，果断舍弃。如果是那种，一天加不了几个人，而且加的人更不会跟你成交，那更要舍弃。

2）转化率

对于微商来说，涉及到转化率比较重要的两点是：发动态的效果和客服交流的内容。发动态的效果这块，前面介绍了很多，可以逐个去做。实验一两个星期后，对于没有效果的，果断舍弃，有点效果的，就保留，同时再去测试下一个，看效果。等到都测试完了，选择转化效果最好的那个。

提高转化率

这里说的转化，有两点，**一个是直接购买率，另一个是询单率**。正常来说，大部分都是看动态觉得好，然后过来咨询的。

询单也分两种，一种是过来真正想要购买的；另一种就觉得有趣想来了解的，但不会买。有句话是“叫好不叫座”，就是后面这种。对于那种只过来了解，而成交比较少的，也要注意，只要成交率低，仍然要舍弃。

发动态说完了，下一步就是咨询成交了。此时，也加了顾客成为好友了，发的动态也让顾客心动，过来了解你的产品了。**这时就是客服交流，这也是成交的最后一道关口。如果做不好，那就前功尽弃，类似于踢足球的临门一脚**。

做客服，其实也很简单，正常的流程就是询问顾客问题，解答顾客问题，发现顾客需求，满足顾客需求，最后再成交，选择合适的付款方式。对于不成交的，后续继续追踪。这块推荐大家可以看看销售书籍。笔者做销售也有六七年了，现在没事翻翻销售书籍，这些都是成交的技巧。

客服的精细化操作，就是先找到一个跟顾客沟通的方式，可能最开始成交效果不是很好，然后就多去学习销售方法，经常记录自己跟顾客的交流内容，把一些表达比较好的要点给记录下来，一些表达不好的就舍弃掉。这么不断地去优化，当有一天，你发现你的客服转化率可以达到80%的时候，你会特别有成就感。这也是客服交流水平的“迭代”。

【小知识】迭代

迭代是重复反馈过程的活动，其目的通常是为了逼近所需目标或结果。每一次对过程的重复称为一次“迭代”，而每一次迭代得到的结果会作为下一次迭代的初始值。我们经常听到互联网产品经理喜欢说"小步快跑、快速迭代"，说的就是互联网产品刚推出时，有很多毛病，用户可能需要的功能有三个，产品只实现了两个，但用了一周后，产品推出了2.0版本，这时就满足了用户需要的三个功能，又一周后，推出了3.0版本，满足了用户的四个需求，这样一直迭代下去，产品才逐步完善。

2. 利润

关于成交额这块，前面已经说完了，再说说利润。

利润=成交额-成本

成本有两个，一个是销售成本，比如顾客的议价能力，你送的赠品的成本等。这块就需要我们努力提高自己的销售能力，销售能力提升上去，销售成本就会降下来。

另一个就是进货成本了，一般企业对于代理都有不同的拿货量所享受的价格区间不同，所以，想要进货成本低，那就努力去卖货，然后升级。

这两块都做好了，利润就滚滚而来了。

以上就是微商精细化操作的一些要点，针对这些点，笔者希望大家能够认真去思考执行，让自己的微商事业更进一步。微商现在真的发展成了一个移动互联网里的地摊，不用交租金，有货就能卖，卖得不好，一个月也能赚个几百一千的，卖得稍好一点，也能赚个八千一万的，将来做大了，前途不可限量！

4.7 自传播思维，四两拨千斤的传播效果

现在不论出售什么产品或服务，都需要流量，而获取流量的方式也有很多种，比如软文推广、视频推广、分类信息、QQ群、微信群推广、微博推广等。这些推广方式确实都不错，但大多数人能做的就是让信息展现出来，获取少量人的注意。我们要考虑如何让信息能够自动传播开来，达到四两拨千斤的效果！

如何让自己的信息达到最大化推广，能够自动自发的传播，而不是要自己去宣传才会有人看，不宣传就没有看呢？这需要我们对信息进行加工，同时对传播的路径加以优化，尤其注意一些传播的节点！

传播中的节点

想要达到自动传播的效果，有三点需要我们深刻的注意：①目标群体的心理期望；②传播内容；③传播平台。

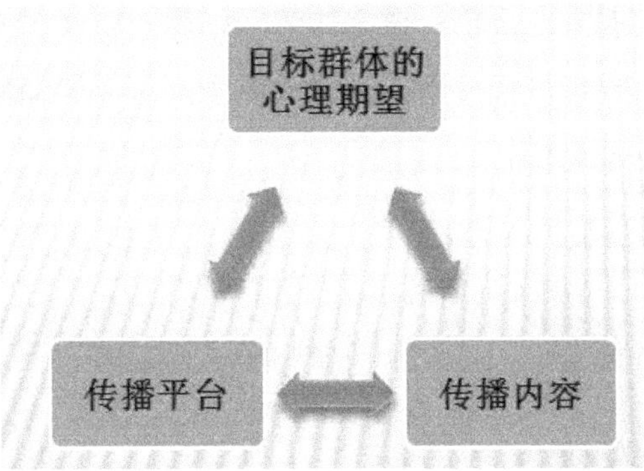

自动传播的三点注意事项

下面笔者分别来讲述。

1. 目标群体的心理期望

这点就是要以目标用户的心理需求为出发点，在此基础上去创作信息。如果违背了这点，那你创作得再精彩，也很难传播开来。比如，你的目标人群是淘宝卖家，而2016年的315晚会，淘宝的刷单问题被曝光，如果你写的是这方面的文章，那就很容易获得卖家的青睐，他们愿意去看，甚至帮你做传播（例如我写了篇《淘宝不能刷单后，我们该怎么提高销量》，从人性的角度去分析如何不刷单提升销量，不是侃侃而谈，绝对有料）。但如果你写的是已经过时的博客营销，那就很难吸引到用户去关注了，传播效果就会大打折扣。所以，我们要去分析当下目标用户的普遍心理是什么？了解他们的心理以后，才能够创作出能够流行起来的信息。

从哪些地方知道用户的心理期望？

可以通过百度指数的关键词挖掘、微博指数、360指数，等等。还有就是通过百度搜索风云榜、微博的热门话题，以及相关专业论坛及网站的热门话题。或者与相关网站的编辑联系，可以咨询他们，网站上哪类资讯的浏览量最大！

微博的热门话题分类

通过对这些话题的分析，你会发现大众的关注点在哪里。知道了用户关注什么，创作出来的东西才能够获得用户的青睐。papi酱之所以红而且区别于一般网红的原因，就是因为她的吐槽点，真是说到了大众的心坎里。

2. 传播的内容

知道了用户的关注点，只能说明你的信息会得到目标群体的关注，能否具有传播的属性，就要看你具体是内容了。笔者总结的是：能够引起人情绪波动的信息。

引起人情绪波动的信息的特点

首先，信息的首要点就是要具有争议性。很多比较火的事件之所以能够传播起来，就是因为能够引起人的争论，带动人的情绪。比如加多宝的博同情：当年加多宝与王老吉打官司，加多宝官微发了四个小孩哭泣的图片，来博取网友们的同情。还有笔者之前写过一篇文章《刷屏的微商，凭什么能赚钱？》，当时微商还处于比较有争议的阶段，这篇文章写出来之后，获得了派代网的首页推荐，因为这个话题具有争论性，最后获得了两百多个回复，也成为派代网的7天最热门文章。后续有人又专门针对那篇文章另写一篇来作为对那篇文章的回应，引起了二次传播。

其次，还要有新闻性，新闻性要的就是内容的真实、准确、及时。第一，具有新闻特点，是因为大众比较喜欢阅读新鲜猛料；第二，具有新闻性能够获得媒体的青睐，在国内，一般正规媒体发布了你的信息之后，往往会获得至少上百家网站的转发。

接着，要具有娱乐性。娱乐性是为了用户阅读轻松。现在人们的注意力比较稀缺，大家都很难在一件事情上关注太久，如果内容再晦涩难懂，估计很难有人愿意认真读完。所以，内容幽默娱乐些，更容易让目标用户深入了解你的信息，对于信息的传播也非常有益。

最后，就是有利性。有利就是对读者有好处，看完对他有益。比如我的一篇文章《社交电商，如何用“互动”让你的产品卖到爆》，在今日头条上，获得了899个转发，3351个收藏。

传播有价值的信息

上面的几点，比较重要的两点就是有利性及新闻性，这两点能够让受众对信息有正面的认识。如果你要有更大的传播，就要再融入争议性；想要目标群体更好更轻松地观看信息，那就融入一些娱乐性在里面。

3. 传播平台

相信看过《引爆点》这本书的读者都知道，想要达到引爆点，需要有一个联络员一样的人在传播信息。这个人类似现在的意见领袖、大V。一般这些人都具有一定的话语权，通过他们来发布信息，就能够让更多的人参与进来。

【小知识】意见领袖

意见领袖是指在传播网络中经常能为他人提供信息，同时对他人又能施加影响力的“活跃分子”，他们在大众传播效果的形成过程中起着重要的中介或过滤作用，由他们将信息扩散给受众，形成信息传递的两级传播。他们就是传播中的“节点”。

读者还经常会看到网路上一些营销文章中出现KOL这个词，它是Key Opinion Leader的简称，中文是关键意见领袖，多了“关键”二字，这类人通常是某行业或领域内的权威人士，在信息传播中，他们不依赖其自身活跃度，也容易被承认和识别出来。

还有一本书《疯传》中也提到，只要创意够好，信息本身就能够迅速地传播起来。也就是说，只要你的信息有创意，就可以很快地裂变，每个接触到的人都愿意去传播。

但是，笔者测试并观摩过不少案例，发现仅仅想要靠创意本身来获得传播，这个难度实在是非常大，毕竟我们没法像伟大的安妮那样，具备美女、漫画、“我只过百分之一的生活”这种话题性。大部分信息都会找媒体平台及意见领袖来帮忙宣传，之后，才能够逐步地引爆话题。

这里还涉及一个**大众的盲从心理**，一条信息，如果只是少数的人看到，大家最多觉得比较有趣，看过了之后，也就没啥了；但如果看到一条信息被一个权威人士发布出来，那这条信息的价值就立马提升很多，如果原本信息就很有料，那意见领袖的粉丝，会非常乐于转发。当另一个人看到一条信息获得了足够高的转发量以后，会因为高转发量而感知这条信息会很有价值，当看到信息确实有料以后，会更愿意转发。

鸟叔的歌曲《江南style》，刚开始在YouTube上不温不火的，后来得到一位美国歌手的推荐以后，播放量迅速上来了。

所以，刚开始最好是找到目标群体的意见领袖、专业媒体平台，去他们那里发布。前面说了，文章要具有新闻性，比较容易在这些专业媒体上发布。获得媒体推荐的文章，就更容易获得其他相关网站及意见领袖的转发。

如何寻找专业的媒体平台及意见领袖？

寻找媒体平台，可以通过百度搜索，或加入相关的QQ群去请教行业里的老人。找到相关的几个意见领袖及媒体平台之后，然后再通过意见领袖本身去找他身边的一些经常互动的行业大V，找到媒体平台之后，通过网站的友情链接找到其他相关的专业媒体平台。

通过上面几点，就能让信息较大程度地形成自动自发的传播。当然了，因为信息的关注度会随着时间的流逝而逐渐降低，如果想要话题持续地火爆，就需要更多信息的补充。想要创作出这种可以无限延伸的话题，难度就比较大了。最后笔者总结前面的几个重点，如下图所示。

信息自动传播（李雷霆）	
目标群体心理	百度搜索词挖掘 百度风云榜 微博热门话题 行业网站热门文章 行业论坛热门讨论
内容创作	争议性 新闻性 娱乐性 有利性
传播平台	意见领袖 行业网站 行业论坛 行业杂志

信息自动传播重点总结

4.8　总结，微商销售技巧和话术

做微商的人士都知道，一般做微商就三点，找客源，发朋友圈，与顾客交流。前两点网上很多的资料，但是如何与顾客交流，网上的资料并不多，而且讲得也比较宽泛，因此很多人也都用着无效的方法不断去骚扰好友。这里笔者就跟大家详细讲解下做微商如何与用户交流，认真运用，对你业绩的提升肯定是有很大帮助的。

与好友交流，其实可以划分为好几个部分，每个部分都相互独立，但同时又相互衔接，就像一条链子一样，一环扣一环，这样才能完整起来。每一环的侧重点都不同，但也都为下一环能够起到很好的效果打下基础。这些部分包括：引发顾客的兴趣、提升顾客的信任、产品推荐、催单、后续联系。为什么是这样？这么排序有什么原因吗？下面具体说说。

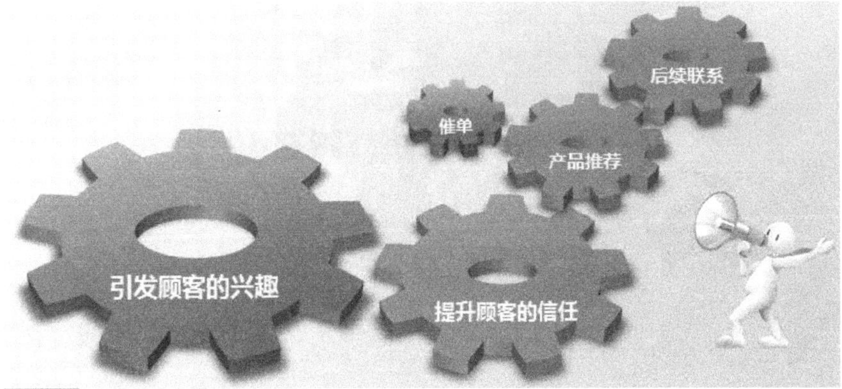

微商交流技巧

1. 引发顾客的兴趣

跟顾客交流有两种方式，一种是我们主动去跟别人交流，另一种是别人来找我们。对于别人来找我们，往往都是通过其他的途径对我们有一定的了解，然后才来咨询我们的，对于这种，交流的过程就直接跳过这一步。就像做过淘宝的都知道，一般顾客来咨询，都是已经对产品感兴趣了。

这里主要说说我们主动去跟别人交流。有些顾客加了我们之后，也看他经常观看我们的朋友圈，但是就是不说话，这个时候，如果被动咨询的人比较少，我们可以去主动联系他们。

主动

主动联系的话，就要你说的话一定要能够引起别人的注意，让别人感兴趣，这样他才会积极地回应你。现在朋友圈很多人都喜欢发祝福、让别人点赞、向别人要红包、还有直接发广告的等。发祝福在短信时代，效果还不错，现在再发祝福效果就不行了。因为大家都发，而且经常性地发，接收者已经对这个无感了。还有让别人点赞的，别人凭什么给你点赞呀。再说讨要红包的，关系好的吧，你都发信息要了，不给不好意思，给吧人家心里也不乐意，只能说你这是作践友情的一种很好的方式，对于一般的好友，看到这样的，人家也会疏远你。还有那些直接发广告的，你就完全是在骚扰人家呀，你这么做已经让顾客对你产生了抵触心理，他们怎么可能还跟你购买呢？那我们该怎么做呢？

首先你说的话一定要能够吸引到对方，让他愿意跟你交流下去，这就要你说的话，是他感兴趣的。比如他为什么过来加你为好友？你可以用这个为话题去跟她交流。也可以看他的朋友圈里发的什么动态，也可以针对这些点来引出话题。让他跟你有一个很好的互动。而不是像前面介绍的，你发的东西都惹人厌烦，那更没有交流的可能了，关系不好的，直接把你拉黑。

吸引客户

2. 提升顾客的信任

前面跟对方说上话以后，那下面就是获取对方对我们的信任了，都知道发朋友圈，给别人评论可以获得信任，其实交流的时候也是可以获得信任的。获取信任有两点，一个是情感信任，另一个是专业度信任。

1）情感信任

情感信任

情感信任就像很多的推销书上所说的，要谈对方感兴趣的话，用心去帮助对方，多一些交流等。笔者刚做推销的时候，那个时候卖卫浴，跟同样卖家装类产品的推销员交流，我们不是比谁卖掉产品了，而是比谁跟顾客交流的时间长。情感的信任就是聊一些与产品无关的东西，比如对方的小孩呀、工作呀、遇到的难题呀、身边发生的趣事呀，等等。这能够让顾客从感性上认可你，对你产生信赖的感觉。

2）专业度信任

专业度信任

专业度的信任这点就非常好理解了。就是你要让顾客觉得你在你所卖的产品行业是专业的，能够给他很专业的指导，而不是什么都不懂，这样顾客遇到问题，也能够找你解决。比如护肤的问题，鼻子上有黑头是如何产生的，平时生活要注意哪些因素，解决这些问题哪些产品不能使用，哪些产品又要多使用，等等。通过这些让顾客从心里去佩服你。

以上两点都做到了，顾客买东西，会优先选择你，当然了，还是要看产品的。

3. 推荐产品

前面你已经获得了顾客的信任了，也了解了顾客的需求了，然后就是跟顾客推荐产品了。产品我们都是有的，而且功能也都很全面。但是顾客需求的侧重点不同，我们就要针对顾客的需求点来侧重地讲解我们产品的功效。

能够解决顾客的问题点的功效，我们就要多讲一些，说说为什么能够解决这个问题，原理有哪些。功效原理说完了，然后就是必不可少的展示一些成功的案例了。把之前有跟顾客相似问题的老顾客的案例拿来给顾客看，让他相信我们能治好别人的，就一定也可以把你的治好。到这一步，顾客往往都会慎重考虑是否跟你购买了。

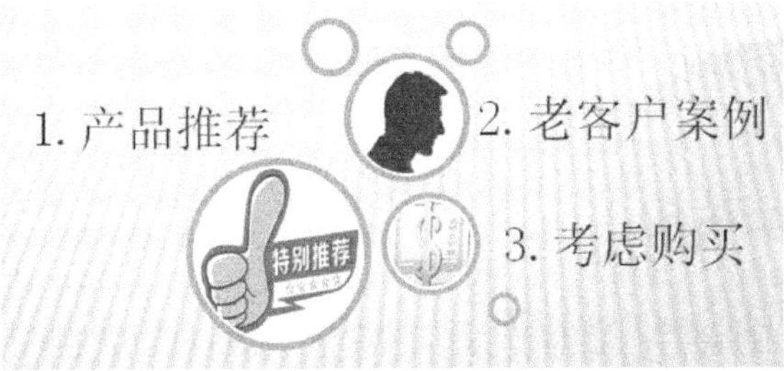

推荐产品

当然了，这还不够。

4. 使用催单技巧

虽然你介绍得很好，但是顾客买过太多的宣传夸张，但是用起来并没有什么效果的产品，所以，他们还是会告诉自己，再考虑考虑再决定。这个时候就像踢足球，球已经到了球门了，还差那么一脚就能够进球了。那该怎么做呢？

催单技巧

这里有几个催单的小技巧，很多人都在用，但是效果依旧很好用，有限时、限量、价格活动、无效退款，主要就是这几个。

限时限量就是货是有限的，现在不买，之后就比较难买到了。价格活动一般也是跟限时结合一起使用，就是某个时间段之内，产品是这个价，过了这个时间点，你就要花更高的价格才能买到。无效退款就是如果产品对你没有作用，那就退款给你，总之，不会让你受到损失。这些技巧用上以后，就可以加大对顾客的吸引力，促使他跟你购买。

5. 后续联系

前面的都做完后，还是有很多顾客没有跟自己成交呀。其实主要就是顾客对于我们的信任度不太高，对于产品的效果也还是心存疑虑，还有一部分顾客确实是因为资金比较有压力。不论是哪种情况，后续一定要跟他们持续地联系和沟通，销售里有句话，联系7次，成交率能够超过40%，所以，后面的持续联系，是提升顾客的信任及了解顾客问题、帮助顾客解决问题的非常好的方式。

持续联系

通过以上几种方式，好好学习，多多实践，这样你在与顾客交流的时候，能够让更多的好友来跟你成交，而不是像以前那种总是发一些骚扰别人的信息。微商就是要多去学习，有什么不懂的，多跟同行交流，借鉴别人的方式方法。

第5章 服务体系的构建

【背景】

一个人走进眼镜店，抱怨说，他新配的眼镜太紧，夹得头很痛。

服务员问：是否需要帮你把眼镜调松一点？

那个人答：不用了，我只想你帮我按摩一下头。

这个故事告诉我们，顾客的售后也许是另一个需求。对于微商来说，卖掉货之后，就会又遇到一些问题，那就是售后问题了。这个问题处理好了，会让顾客对品牌和店铺有更好的印象，形成回购及转介绍；处理得不好，顾客甚至会举报投诉，对店铺及品牌形成坏的影响。微商该如何处理售后问题呢？笔者结合自己的零售经验，来讲述下微商售后的问题。

做什么事情，我们都有一定的目的，微商售后也是一样。我们的目的：

◎ 第一，对于不满意的顾客，让他感到满意；

◎ 第二，对于满意的顾客，让他产生回购及转介绍；

◎ 第三，搭建规范的服务体系，让顾客无后顾之忧。

目的明确了，那就要针对具体的问题来做相应的售后处理了。本章的内容如图。

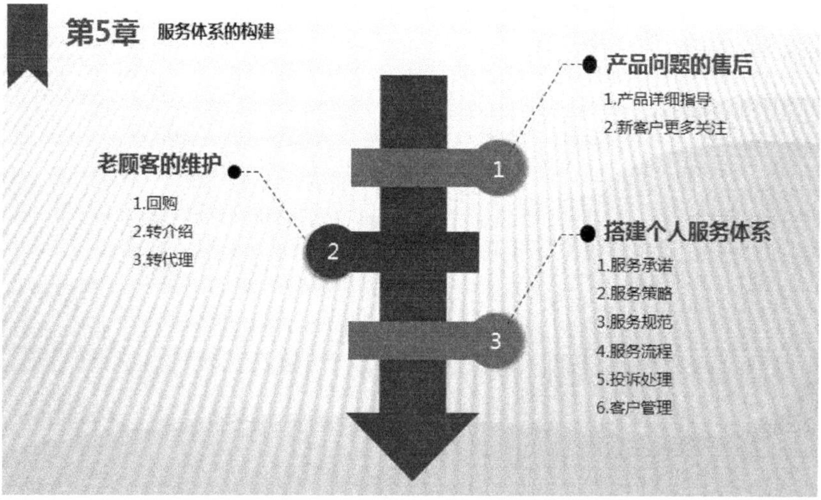

本章知识点

5.1 对产品本身有问题的顾客如何服务

作为卖家，我们自身对产品的熟悉度会比较高，但是顾客就不同了，绝大部分顾客对于产品的情况，知之甚少。这就需要我们来指导用户，这是售后的第一步。

绝大部分微商代理，他们每天成交的顾客人数比较少，这也就意味着可以有更多的时间和精力来维护好已经成交的老顾客。

首先我们会遇到很多顾客对于产品使用后的效果反馈，不太能够达到我们介绍的效果。一方面是我们自身对于效果有略微夸张的介绍，更多的是顾客对于产品的使用方法并不太懂，以至于没有使用出很好的效果，这需要我们去指导顾客。因此在顾客刚收到货的那几日，要时刻跟踪，让顾客确实按照最优效果的使用方法去做了以后，后续再逐步地降低对顾客的关注程度。一般来说，只要产品效果确实不错，按照使用方法来操作，都会有比较好的反馈效果。

这么做了以后会有哪些好处呢？

（1）能够让更多的顾客体验到产品的最好的效果。

（2）对于一些体验之后效果不明显的顾客，他们会因为你的热情，不考虑退货。

（3）对于一些使用产品有过敏等不好反馈的顾客，我们能够及时指导，让顾客安心使用。

（4）对于一些使用之后确实没有任何效果的顾客，他们一定要退货。这类顾客很难去帮你转介绍及回购了，我们要做的就是尽可能地降低损失。你承诺了退货以后，可以说因为在他购买之后，你一直在指导她，可以酌情地降低退款钱数。比如，已使用的5折退款，未使用的7折退款。这样总体来说，你没有亏钱。

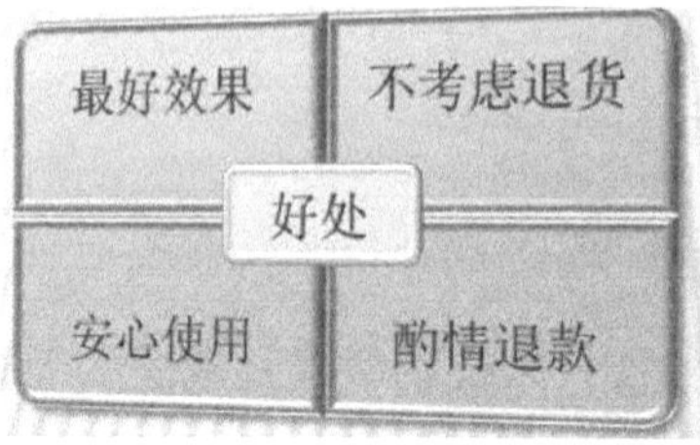

耐心服务的好处

我自己做的去黑头的产品，有些顾客拿到货以后，我就及时地给他们指导。那些指导比较多的顾客，他们的满意度都比较高。一些指导得比较少的，以及一些主动跟她联系她不回，但是后面她遇到问题就来找我的，我就会问她出现啥问题。他们的问题主要就两点：

客户问题与解决

◎ 一就是对于产品的使用方法不是特别恰当，指导之后，都能见到比较好的效果反馈；

◎ 二就是对于产品效果的具体表现不了解，用过之后，黑头能明显地被洗掉，甚至觉得面部更白了（洗掉的是面部毛孔里的污垢，所以才感觉变白，不是含有什么化学成分给弄白的，我们这个产品是天然健康的），这么介绍之后，顾客就觉得确实见到效果了。有的比较严重的，一套效果不是特别明显，正好推荐让他们再购买一套。

5.2　老顾客的服务

前面说的是对于产品有问题的顾客，这里说下对于产品比较满意的顾客该如何做售后。我们要让这些满意的顾客为我们带来更大的价值，毕竟一个老顾客的价值可以超过5个新顾客的价值。这种价值主要包括三个方面，下面来分别说下。

老顾客的价值

1. 老顾客回购

既然顾客感到满意了，毫无疑问，理论上顾客就应该回购。但问题是，如果我们不去做好老顾客服务，回购的力度其实并不太高。当然了，这跟产品本身也有一定的关系，我做的去黑头产品，因为主打去黑头，顾客用着不错，但是当黑头去得差不多时，如果不主动联系他们，因为价格因素，他们的回购率并不是太高。

所以，一方面要从护肤的角度，让他们认识到产品好，要经常使用，这样巩固性才会更好。我们的一套产品包含洗面奶和精粹水，都是平时护肤用得到的，就是价格略微有点高。因此，可以让他们后续减少使用的量，但如果不用，那效果的持续性就比较难保证，这样来促进顾客的回购。

另一方面可以通过对老顾客进行价格上的优惠，来进一步促进老顾客的回购。

回馈老顾客

2. 老顾客转介绍

销售书籍里都有介绍：在顾客购买之后，只要对他们说一句话就可以提升10%以上的业绩，这句话就是："你身边有朋友，帮忙介绍一下，把好的东西分享给他们，让身边的朋友也用上这么好的产品，他们也会感激你的。"大概意思就是这样。所以，我们对于满意的顾客，也会主动要求他们去介绍给身边的朋友，因为微信、微博、QQ空间等社交软件的发达，每个人几乎都有朋友圈，就可以让顾客帮忙去他们的朋友圈、微博分享一下，这样也能对我们的产品有一个好的推广。

答谢老顾客

3. 老顾客转代理

经常看到很多人在朋友圈分享老顾客转代理，其实就个人的经验来说，绝大部分的老顾客都很难转为代理。他们有自己的事情要做，对于代理，他们并没有太大的兴趣，但还是会有一些顾客愿意赚一些零花钱来代理产品。因为他们觉得产品使用效果很好，所以，这也为他们代理产品提供了信心。我们只要适当地引导，可以跟他们说下，我们目前也在招募代理，如果你有空闲时间，可以来做我们的代理，如何加顾客、成交顾客，我们都会提供非常专业的培训和指导。

一般顾客转代理，只要他们对代理有兴趣，是非常容易成交的。这样我们就又多了一个帮忙卖货的人，收入会更多。

代理

微商的售后主要就是这些，把老顾客运营给做好，你会发现越做越轻松，最后甚至不用再去开发新顾客，每天仍能够有很多的订单！因为要服务于所有的顾客，所以我们还应该搭建一个个人服务体系，这样让服务更完善，让顾客感觉更正规，信心度就会增强。

5.3 搭建个人服务体系

前面描述的是我们碰到问题时怎么办？如果客户很少，我们当然可以一个一个解决，然后查看下聊天记录，就知道客户碰到什么问题了，是怎么解决的。但随着微商客户的增加，如果每来一个客户我们都需要翻查聊天记录，那我们就没有工作效率可言了，留下这些时间我们去寻找更多的新客户岂不更好？

本节的目的是帮助微商搭建起属于自己的服务体系，包括了服务承诺、服务策略、服务规范、服务流程、投诉处理、客户管理。读者要根据这个体系，搭建出属于个人的服务体系，这样看起来更正规也更让人信服，当然也能为客户提供更好的服务。

1. 服务承诺

服务承诺主要体现以下三个方面，我们要做的就是言行一致，达到服务承诺。

◎　产品描述上的服务承诺。

◎　传递给用户的服务承诺。

◎　完全履行自己的服务承诺。

如果是公司的产品，我们都看到过一些产品包装里面的服务承诺书，如图所示。一般产品的服务承诺，会简单明了，让人一目了然。

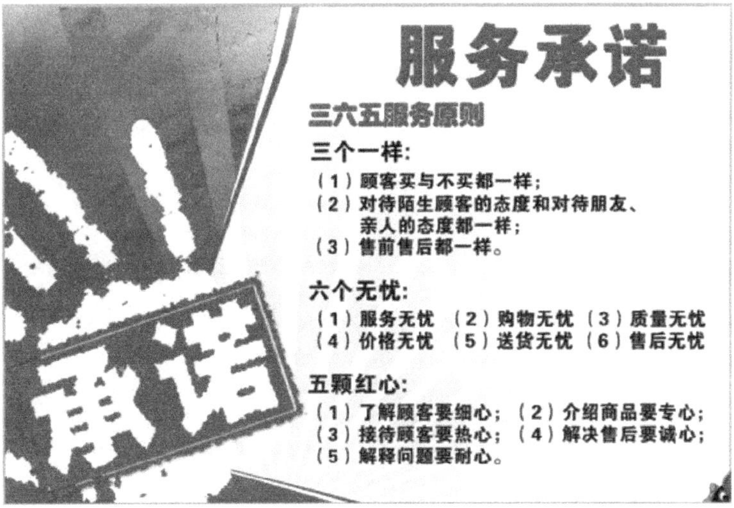

服务承诺

如果是个人的有特色的产品，我们一是可以根据一些公司产品的承诺书那样去做；二是可以针对自己的产品特色做出承诺。如某农产品的服务承诺如图。

1、承诺产品原产地
承诺平台所销售的产品均为正品，来自全国各地的名优特产，产品质量绝对有保证。
2、承诺产品保质期
承诺平台产品均在新鲜保质期内。
3、承诺纠纷72工作小时内解决
平台公开电话为：[redacted]为消费者服务。一旦发生消费者交易纠纷，该平台承诺72小时解决纠纷。
4、承诺线下实体店验货保证正品
承诺若出售的产品有线下实体店，均支持线下验货。

服务承诺

如果是公司产品，我们尽量留下服务监督电话，这样用户才会觉得发生问题后能有解决的渠道。如果我们仔细观察，就会发现大部分企业或产品都有自己的服务承诺，服务承诺不光是给自己看的，也要准确无误地传达给客户，并且严格按照服务承诺去做，这样才能俘获客户的芳心。

2. 服务策略

服务策略一般是指一些服务方案的集合，我们都知道营销有营销策略、促销有促销策略，所以在这个讲究服务的年代，服务策略也不能有缺。

如果是类似小米等全国销售型的产品，他们的服务策略一般是专门的论坛、FAQ区或QQ群。但对于我们微商来说，要设计比较完整的服务策略就会有些难度。这里我们简要地说几点，而且这几点个人都可以来操作，不用各种问答论坛或专门的客服人员。

1）有效使用最传统的电子邮件

这里要注意，不是群发，也不是给人发广告。有优惠活动可以发，有产品碰到的普遍性问题可以发，而且不要群发，要设计好一个模板，然后从客户管理列表中复制过来客户的联系方式，一个一个发，这样客户会觉得对他很重视。

笔者在做黑头产品时，有客户因为使用不当（时间关系）根本达不到效果来投诉时，我发现原来规定是5分钟才能去洗，他玩完一把游戏才去洗，结果时间太长，已经吸附出来的黑色杂质又粘在了鼻头上。为此笔者专门制作了一个邮件，给已经买了产品的客户发了一封详细的使用说明和不正确使用后的恶果照片，很多客户都回复邮件说感谢。

2）有效使用在线表单

我们将事先设计好的调查表格，通过在线表单可以调查客户需求，还可以征求客户意见。目前国内有很多比较好的在线表单工具，如简道云、麦客等。这些表单工具允许我们自己定义表单格式，然后收集用户信息或意见，还可以导出到Excel表里。这样我们就可以很好地分析用户的意见，给出更好的服务。

在线表单

比如淘宝很多店家，都有好评返现的活动，我们收到包裹时都会看到一张二维码，客户扫描后来到公众号，可以通过之前设计好的表单链接（如图）填写个人信息，这样就会返现给他们。一来获得了好评提高了信誉，二来又收集了用户信息，便于二次推广。

微商虽然不一定有微信公众号，但我们一般都有自己的QQ群或微信群，也可以设计表单链接发给用户，当然用户填写表单时一定要有奖励，可以是产品或其他礼品。如果是以QQ销售为主，一定要客户留下QQ号，如果是微信销售为主，一定要留下微信号。

这些表单工具都可以实现个人定制，如颜色、调查选项等，如下图所示是麦客的表单设计界面，读者不用学习就能看懂。

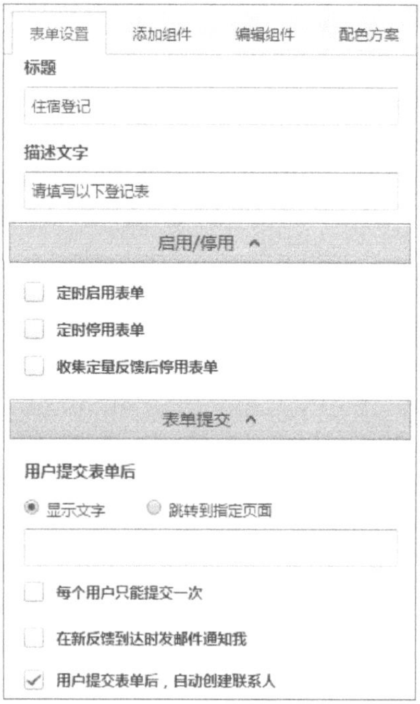

麦客的表单设计界面

3）有效开展网络个性化服务

个性化服务属于定制服务，就是按照客户的个性要求有针对性地提供服务。个性化服务包括三个方面：

◎ 服务时空的个性化，在客户希望的时间和希望的地点提供服务；

◎ 服务方式的个性化，能根据顾客个人爱好或特色来进行服务；

◎ 服务内容个性化，不再是千篇一律，千人一面，而是各取所需，各得其所。

微商最大的特色就是一对一服务和个性化服务，这点我们在营销方式、客户运营方面都讲解很多了，这里就省略了。

3. 服务规范

这个很重要，不要以为微商我们只是一个人在做，就忽略了服务规范。笔者在这里想强调一下，服务规范化也是微商创业成功的先决条件。

服务规范主要有两点：

◎ 服务规范涉及到销售的各个环节。

◎ 严格按照服务规范执行。

很多人都知道“无印良品”这个品牌。简单来说，它是一家销售日常用品的商铺。很多设计人员非常喜欢这个牌子，包括小米的黎万强，它在《参与感》一书里多次提到这个品牌，并被这个品牌的设计理念折服。除了设计好以外，无印良品还有一个成功的秘密，这个在它第五任社长松井忠三写的《解密无印良品》一书中首先被提及，那就是“将所有工作规范化”。

无印良品

比如看成店铺“脸面”的橱窗展示——目的是吸引过路人的目光，让他们产生兴趣，最终使他们走进店铺。

塑料模特的摆放无疑是“考验灵感和经验的工作”，但无印良品是这样将其规范化的。若要真正学习摆放技巧，需要记忆的东西几乎永无止境，但无印良品却将所有重点浓缩在了一页的内容中。

“将轮廓摆成△或▽”、“搭配服装的色彩保持在三色以内”——基本只有这两点。除此之外，指南中还添加了“关于色彩的基础知识”这页内容。

这样一来，无论是谁都能在摸索中逐渐掌握时装搭配的诀窍了。用个极端的说法，就连新进员工都能着手布置橱窗模特。

无论什么工作都有“做好工作的诀窍”。无印良品的目的就是找出那些诀窍，并将其规范化。

无印良品的规范化做得非常细致，细致到你进入无印良品店铺看到的每一眼，包括如何摆放样品、如何咨询、如何回答用户的问题、如何引导用户结账、结账台应该摆放的物品、摆放的距离，等等。

我们在销售中也要制定一个详细的服务规范，从每个销售的细节开始，并把服务规范打印下来，贴在显眼的地方，时刻检查自己服务是否到位。这里笔者晒出自己的服务规范。

（1）新添加的好友，主动打招呼，介绍自己。

（2）别人说话时，不要打断。

（3）热情回答新客户咨询的问题，耐心，不要只顾生硬地推销产品。

（4）主动提供产品的促销信息。

（5）客户表示要考虑一下时，坦然面对，并欢迎他随时再来咨询，其他护理方面的知识也可以多交流。

（6）如果是老客户来咨询，要询问之前产品的使用体验，用量。

（7）与老客户沟通后，要做详细的记录，随时掌握客户动态。

（8）定期回访老客户。

（9）不管客户是否理解，不能与客户争吵。

（10）产品价格透明，服务透明，服务承诺，这些要传递给每个新客户。

4. 服务流程

对于微商而言，服务流程一般是根据客户的分类进行定期回访。这个不需要具体到某一步，比如不需要标注电话第一句如何说、最后一句如何说（当然如果做到了这么细致也是很好的，但就太机器人了）。我们一般设计一个Excel表格，把客户分好类，然后定期回访，如图所示是某店家的服务流程。

3、客户服务流程

客户类别	1周	2周	3周	4周	月末	年末
铂金客户	一通电话	一通电话	一通电话	一通电话	行业信息报告	礼物回馈
黄金客户		一通电话		一通电话	行业信息报告	礼物回馈
铁客户		一通电话		一通电话	行业信息报告	礼物回馈
新客户	一通电话	一通电话	一通电话	一通电话	行业信息报告	礼物回馈

备注：除了电话沟通维护之外，还需要每周周末给予短信群发，发送的内容为：

1、企业管理理念；2、行业最新动向；3、我公司新产品概况。4、为其做客户介绍。

服务流程

5. 投诉处理

前面我们提到过对产品有问题的顾客如何服务，这里的投诉处理是将这种解决方法制度化、规范化。

投诉处理我们要关注两点。

◎ 投诉记录：客户是谁，投诉内容是什么，投诉时间。

◎ 投诉处理结果：登记处理结果，判断是否是普遍问题，是否要群发邮件告诉其他客户，是否要向厂家或上级汇报，处理完成时间。

以上内容也是要单独的Excel记录。整个的投诉处理流程基本如下：

（1）接受投诉。

（2）平息怒气。

（3）澄清问题。

（4）探讨解决方案。

（5）感谢用户购买产品，向用户表达解决问题的诚意。

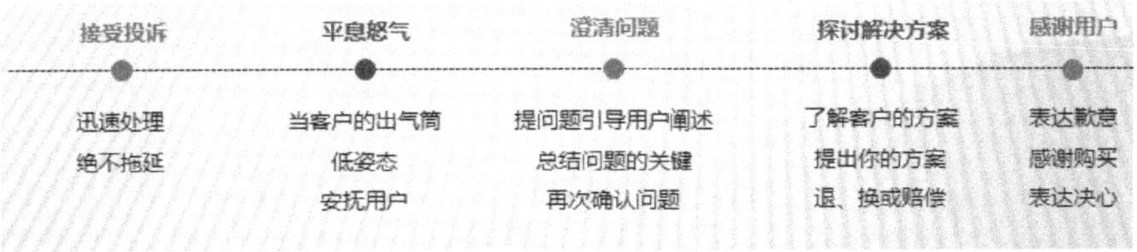

投诉处理流程

6. 客户管理

服务体系中最重要的就是客户管理，因为微商最重要的就是维护老客户。客户管理就是建立完善的客户档案，不要以为自己是小微商，就靠在QQ群分类搞定客户管理了，其实管理好新老客户，是我们未来实现更高销量的奠基之石。进行客户管理的核心是管理顾客产品的使用周期，如：洁面产品的使用周期在80天左右、柔肤水在50天左右、面霜在80天左右等。制定有效的客户档案，根据产品的购买日期进行顾客使用周期管理，后期还可以利用数据分析找到回购客户或潜在客户。

我们将客户管理分为三部分：信息登记、回访、主动服务。

1）信息登记

必须用Excel表登记客户信息，包含所购产品、QQ或微信、电话，如果能获得其他信息就更好，信息越全面，就越适合其他产品品类的促销。登记时要对客户进行分类，比如分为潜在客户、普通客户和VIP客户。除了客户信息外，还要包括产品的状态，比如购买时间、购买的产品、购买的渠道。

下表是一个常见的微商用户信息登记表，我们可以根据自己的产品做出变更。

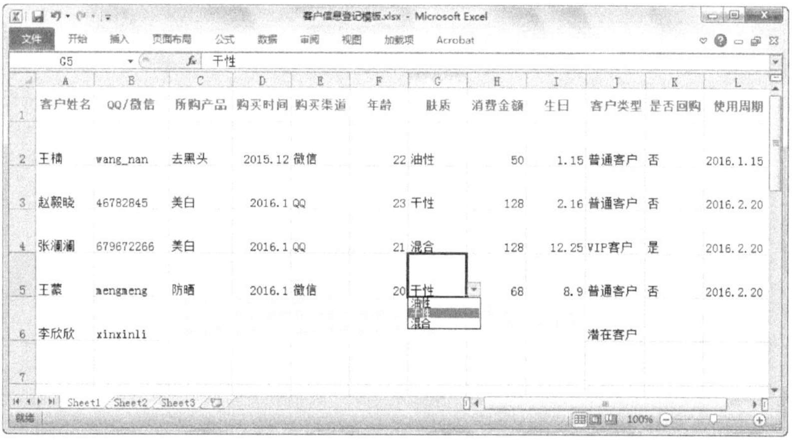

客户姓名	QQ/微信	所购产品	购买时间	购买渠道	年龄	肤质	消费金额	生日	客户类型	是否回购	使用周期
王楠	wang_nan	去黑头	2015.12	微信	22	油性	50	1.15	普通客户	否	2016.1.15
赵毅晓	46782845	美白	2016.1	QQ	23	干性	128	2.16	普通客户	否	2016.2.20
张澜澜	679672266	美白	2016.1	QQ	21	混合	128	12.25	VIP客户	是	2016.2.20
王蒙	mengmeng	防晒	2016.1	微信	20	干性	68	8.9	普通客户	否	2016.2.20
李欣欣	xinxinli								潜在客户		

用户信息登记表

用户信息登记好后，每天把顾客的档案整理一遍，就可以发现当天的潜在顾客，有效避免客户流失，还能及时发现问题顾客，及时处理。

2）客户回访

客户回访的标准定义是企业用来进行产品或服务满意度调查、客户消费行为调查、进行客户维系的常用方法，由于客户回访往往会与客户进行比较多的互动沟通，更是企业完善客户数据库，为进一步的交叉销售，向上销售铺垫的准备，认真的策划就显得尤为重要。

微商其实是和客户一对一服务的，客户购买产品后，我们应该及时对客户做好回访，并对客户做好分类，每一个分类的客户回访信息都各不相同，比如前面提到的服务流程中，针对新客户和老客户的回访周期是不同的，当然针对我们自己的产品，也有相应的回访周期。尤其是老客户，要关注买了那么多产品，有哪些产品没有买过？同样产品的使用周期？没买的单品和接近使用周期末的产品就会是老客户的潜在需求。这也要求我们微商老板通过数据来管理自己的用户，既可以提高销售额，也可以更好地维系客户关系。

下面的图就是一个普通产品的回访表格，读者可以针对自己的产品，重新定义表格中的选项和问题。

客户回访记录表

<table>
<tr><td>客户名称</td><td></td><td>地址</td><td></td><td>邮编</td><td></td></tr>
<tr><td>被访人</td><td></td><td>电话</td><td></td><td>传真</td><td></td></tr>
<tr><td>职务</td><td></td><td>Email</td><td></td><td>类别</td><td>□老客户 □新客户</td></tr>
<tr><td>回访方式</td><td colspan="5">□首次电话回访 □常规电话回访 □其他__________</td></tr>
<tr><td>回访时间</td><td colspan="2">年 月 日</td><td>产品购买时间</td><td colspan="2">年 月 日</td></tr>
<tr><td>回访内容</td><td colspan="5">□ 1 产品使用情况　　□ 2.产品问题反馈
□ 3.公司服务响应情况　　□ 5.其他需求__________________</td></tr>
<tr><td>客户回访内容记录</td><td colspan="5">（您好，打扰了，请问是 XXX 公司 X 先生/女士吗？我是 XX 产品的 XX，感谢贵公司购买我们的产品，可以打扰您几分钟问您几个问题吗?）
1、产品质量评价：(以下问题可根据客户或产品特点自行添加）
一．请您对我司产品质量好用程度进行评价：
A．很好用 B．比较好用 C．一般
二．您对我司产品外观质量的评价是：
A．好 B．一般 C．不够完善
三．您对我司产品整体质量评价是：
A．好 B．一般 C．较差
2、公司服务响应情况和评价：
一．请您对于我们服务态度评价：
A．很好，热情、周到、耐心 B．较好，能较耐心 C．差，没有耐心，态度恶劣
二．请您好对于我们客户服务的响应速度满意度评价：
A．满意 B．较满意 C．不满意
三．请您对我们服务承诺方面的实现情况评价：
A．很好，都实现了 B．较好，尽力而为之 C．差，基本实现不了</td></tr>
</table>

回访表格

比如某品牌的3-3-3回访服务体系，产品销售的第3天，有专人和顾客联系，详细询问和指导顾客产品的使用方法，及了解初步对产品的试用感受等。一般顾客使用产品，3天内是否有皮肤不良反应及使用方法不当引起的其他反应都会表现出来，这样做可以把问题消灭在萌芽中，对顾客来讲，买了产品后还有这么好的服务态度，会使她在心中对这个化妆精品店大加赞赏；3周后，还由专人跟进顾客联系，详细了解使用后的皮肤改善效果等，加深顾客感情，也有助于店员对产品的了解；3个月后，还是由专人和顾客联系，了解产品使用效果，并告知店内促销信息，促成顾客2次返店。

3）主动服务

主动服务这里一般是发送新的促销活动或新产品的推广信息给老客户。对于微商而言，一般我们会针对一款或一类产品，当产品升级时要及时告诉老客户，也许他有兴趣就会产生购买意向。这里不建议做微商的老是更换产品，然后发广告给老客户，造成骚扰，就彻底失去这个客户了。

第6章 企业微商怎么玩

【背景】

分手十年后，男女双方再次相遇，男生激动地说："那天在机场，你转身离去，这一转身，却是整整十年！你知道这十年间你错过了什么吗？你错过了本该有的回忆，错过了那个最爱你的我！"女生听着流下了眼泪。男生接着说："幸运的是，现在你我再次相遇，我希望你不要再错过微商！跟我干吧！"……

很早以前就有一个说法，在互联网时代，企业转型可能是找死，不转型就是等死。而随着移动互联网的发展，企业又面临着新的选择，害怕错过，又害怕改变！

企业做微商，首先要考虑的是企业值不值得进入。对于这个问题，笔者想用一组数据来说明一下。如果代理层通过你的培训，平均一天可以卖掉一件产品，这个难度是非常低的，哪怕就算是两天卖掉一件吧，对于一般兼职来做的人来说，一天有个几十上百的收益就已经很不错了，这样一个月就有几千的收益，还是会很不错的。一个代理平均一个月卖掉15～30件产品，如果你有1万个这样的代理呢？那就是15万～30万的产品销量。

有些人觉得用单纯的数字来说明问题，没有太大的意义，做起来不会那么容易。做起来是不会那么容易，但这个目标是完全可以达到的，而且难度也就属于中等吧。对于之前那种招代理的微商团队，动辄几十万、几百万的团队成员，这个1万的代理，还是很容易实现的。管理这块需要两个人管理200人，就用互联网好了，一天找20个代理交流，一个月就能联系3次，代理的需求、难点，又可以统一解决。

本章的内容如图所示。

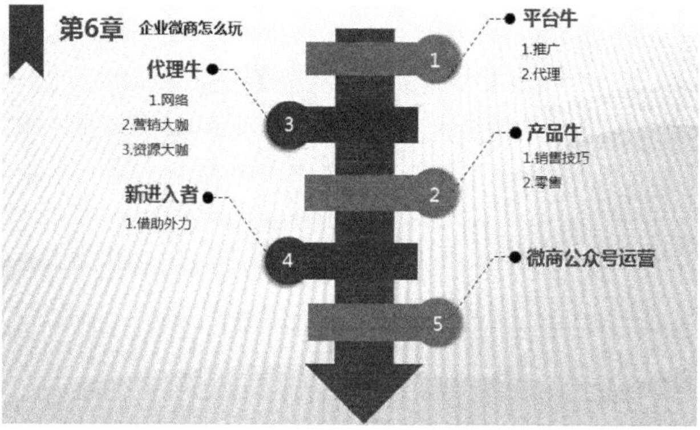

本章知识点

6.1　平台本身比较牛，代理只要做推广就行了

大家常说的平台有调性，就是平台本身有自己的优势，目标顾客群对于平台的优势就非常的喜爱。比如唯品会靠鞋服起家，聚美优品靠护肤品的闪购起家，平台的优势是非常明显的。一般只要目标人群到来，成交的比例是非常大的。这类平台本身就能够很好地做零售了，代理起到的主要作用就是推广。像前几年很火的淘宝客，每一个淘宝店铺也就是比较有调性的小平台，淘宝客通过自己的推广，把目标顾客人群引流到淘宝店，然后在淘宝店购买产品，订单成功以后，淘宝客们获得一定比例的佣金。也许以后会有微淘客也说不准。

对于这种企业，本身就要对顾客的定位非常清晰，同时能够差异化出来自己的优势，且能够让顾客心甘情愿地在这里买单。在调性做得比较好的平台里面，目前比较知名的有如下几个。

◎ 母婴平台蜜芽：蜜芽通过婴儿常用的纸尿片及奶粉，来吸引顾客到自己的平台购买，这两块不赚钱，而是通过平台的其他长尾型产品，如女性护肤品、宝宝衣服这些来获取利润；

◎ 跨境电商平台小红书：小红书是从解决特定出境购物痛点的工具性产品开始，吸引跨境购物人群，慢慢地延伸到自营电商平台，通过为用户提供境外商品并以此获利。

【小知识】长尾

长尾是网络时代兴起的一种新理论，用一个简单点的说法就是，以前实体货架我们能放下1000本书，但是网络虚拟货架我们可以放成千上万本书，而且增加虚拟书的数量对企业来说，成本并不

会增加多少，这样我们就可以将一些一年才卖出去一本的书放在虚拟货架上。这类书我们叫长尾产品。这种商业经济模式通俗来说被《连线》杂志主编Chris Anderson定义为长尾理论。

平台的调性有了，也要有足够多的用户入驻才行。这个时候，推广方面，可以通过传统的花钱做广告的形式，也可以通过招募代理商帮忙推广。传统的推广往往更多的是在一些主流的媒体平台投放广告，对于很多长尾的平台，广告的范围涉及不到。微商代理就能够很好地解决这个问题，不论是QQ群，还是贴吧，亦或者兴趣部落，甚至应用商店里APP下面的评论，都是微商代理们做广告的地方。而且是成交以后再付费，这是真正的零风险推广模式。

6.2　产品本身比较牛，代理要有一定的销售技巧

产品牛，说的主要是产品功效的差异，以及同质化产品价格的差异。有了差异，就有很多可以塑造与众不同的价值的地方；有了差异，也就有很多的机会从不同的角度来让顾客对我们表示认可，或者更能吸引顾客的注意。

让顾客对我们认可的基础就是产品本身确实能够解决顾客的痛点，差异化的产品其实很容易让顾客来购买，哪怕顾客刚买了其他同类的产品，我们也能运用一些销售方法，让他把同行的产品扔掉，选择我们的。现在很多人在宣传推广产品功效的时候，都会夸大一些，略微的夸大可以促进产品的销售，但是产品能否形成顾客的口碑分享及回购，这就需要产品本身的效果来说话了。能够产生口碑及回购，企业的发展和

壮大，就指日可待了。没有口碑及回购，最终也只能是赚一笔快钱，不能持久。

总之，产品牛就一定要有差异化，同时能够真正地解决顾客的问题，相对于同类的产品，效果比较突出。

效果明显：比如我自己出售的去黑头产品，用了之后效果非常明显，顾客反馈都非常好。笔者本人就在做零售的时候，把产品卖给一些刚买了同行的产品的人，包括同行产品的代理（是真心要去黑头，而不是了解产品情况的）。

价格便宜：比如橙子，或者柑橘，平时购买的价格比较高，但是通过微商平台，价格比线下便宜很多，顾客当然愿意在这买了，或者线下比较难买到，但是味道又非常好，愿意在网上购买。

便捷服务：还有一些产品本身并非有多大的优势，但是其他方面优势很高，比如食品类的，一个做食品及水果的微商跟我联系，他一个月可以做几万的营业额，我当时也蛮好奇的，就问她，你是不是价格比较有优势呀，他说价格适中，之后我又问，是不是你只做附近的小区里的，然后送货上门，他说是的，这种也就是微小范围内的O2O，他能卖掉货，不在于价格方面，而在于让顾客方便。

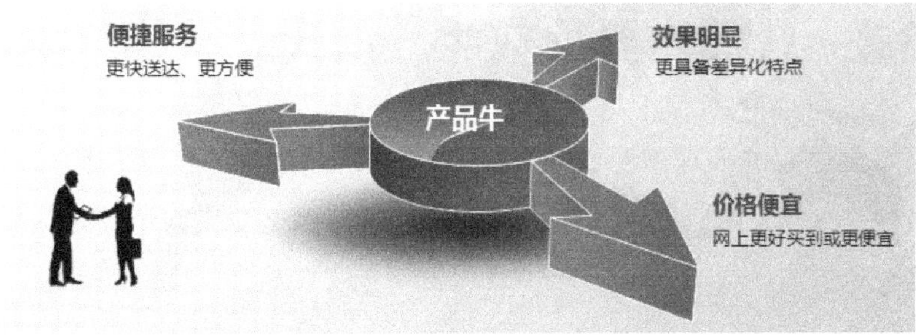

产品牛

综上，也就是你一定要有优势，而这个优势是顾客比较在乎的。产品功效也好，购买的便捷性也好，总之，要能够让顾客愿意在你这购买。对于这类产品，没有了平台的优势，只有靠代理一对一的服务，这时候，就要求代理本身有一定的加好友能力，以及成交销售技巧。所以，企业要有自己的零售方法，并且是很容易复制给代理的。

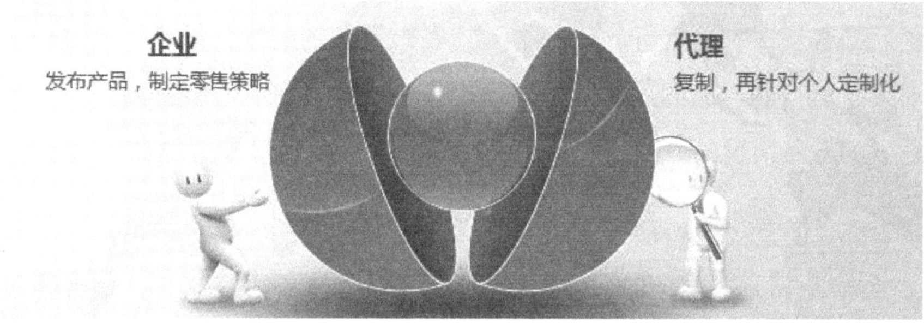

企业搭桥代理走路

绝大部分企业，一般没有能力做一个平台，有些会在其他平台或者微商城开店，可以有些自己的调性，比如之前从淘宝走出来的淘品牌，如麦包包等，后来都有自建电商平台，但是大部分企业还是没有这个实力的，更多的需要靠代理自行去销售，这也就要企业在产品方面有一定的优势。

6.3 代理本身比较牛，如代理是网红类的

如果企业的代理本身比较牛，那就是产品成功一半了。比如有网红、网络大V、幕后推手等强人来合作代理，这么多人帮忙吆喝，想不出货都难。

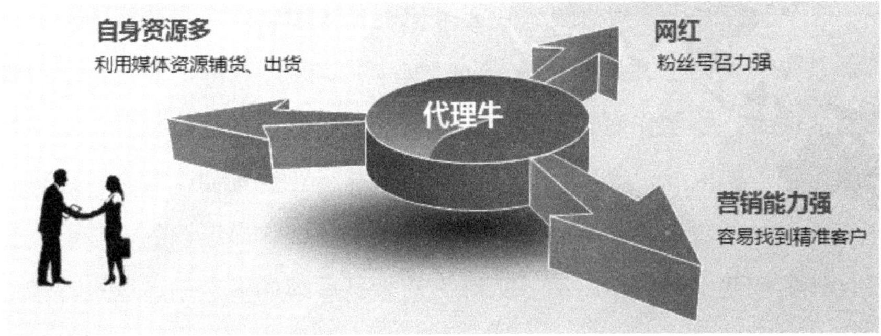

代理牛

最近网红特别流行，商家们开始打起网红的主意，有些是想要打造网红，有些是想要与网红合作，为什么呢？网红有粉丝，粉丝对于网红也都比较信任。这个时候去卖货，就会非常容易。不论推荐的是什么，只要顾客有需求，价格适中，网红的粉丝都愿意去尝试。

再有，营销能力比较强的代理，他通过自己的资源，可以很轻松地获得大量的精准顾客，通过一定的营销方法，快速地把货销售出去。

还有，就是自身资源比较多的，比如有媒体资源、美容院渠道资源等，通过这些资源，他能够很快地把货铺出去，找些能力强的人来帮他出货。

很多企业都愿意与实力强的人合作，这样对于自己快速铺开市场、增加市场份额都有非常大的意义。

对于这类代理，企业在产品能够解决顾客问题的基础上，再去寻找同类顾客群体的大V们，然后要想办法去满足他们的需求，甚至针对他们来生产相应的产品，这类人肯定都有自己的项目在操作，让他们轻易地换个项目，对于他们自身来说，也是要权衡利弊的，也不可能说换就换。合作，也往往需要有足够的机缘才能促成。

这个时候对于企业来说，主要考虑的是去哪联系到那些实力较强的人。首先从网络上找到本行业里的大V，可以通过微博、通过百度搜索相关的文章，找到作者、参加网上的一些付费培训、收费社群，从中找到值得结识的人脉。其次线下可以参加一些行业的聚会、展会，还有一些组织举办的线下活动、培训等。最后就是多跟前面结识的一些朋友交流，让他们帮忙转介绍。有了人脉之后就是后续的多走动、联系，增进感情。

对于小品牌来说，找别人合作，确实不易，需要撒网捞鱼。但是如果企业的品牌知名度高，用户认知度好，那找有实力的代理就非常容易了。基本上开个发布会，把消息散播出去，就会有很多代理商求着来加盟，如去年的韩束微商，韩束本身就是大品牌的化妆品公司，他们在只是计划进入微商，还没有正式进入之前，就有很多人想要代理，短短几个月的时间，公司就招募了几十万的微商代理。

韩束微商

6.4　新进入者及一直没找到出路的企业该怎么办

寻找出路

当然是借助外力了，世界上的绝大部分问题，都有人给解决了，新进入者及未找到出路的企业，可以找到那些很懂微商的人来帮忙运作。有些企业及个人做了微商，但是遇到过不去的问题，会产生两种想法：一种是认为微商不好做就不做了；另一种就想着自己去慢慢研究解决。对于第一种来说，毫无疑问失去的是机会，你可以多在微商圈里转转，认识些人脉，就能发现很多不起眼的微商卖家，月入几万都很稀松平常。对于第二种，记住时间就是金钱，谁先抢占到市场，那未来谁赢的概率就大很多。

借助哪些人来帮忙运作呢？可以招聘操盘手或者微商顾问，也可以与其他组织合作，还有就是很多微商城平台，这类商城本身就有一定的成功案例，他们对于整体的运营有很全面的认知。从分销商的招募，活动的策划，零售的操作方法，到调动分销商的积极性，都有很详细的方法，而且本身也会有相关的资源和人才。网红资源、微商大咖、微商操盘手，这些资源他们都会有的。你只需要与他们合作，借助他们的力量来达到自己的目的。

比如西诺电子，原本是做线下，对于互联网接触很少，但是与微巴人人店合作后，通过前期的活动策划，执行方案的设计，让西诺电子在上线短短3个小时的情况下，成交订单55单，金额12204元，发展分销商1334人。所以，借助外界的力量，可以获得更好的成果，要是自己慢慢摸索，那就会很慢了。

微商在2015年因为招代理模式，导致了滑坡，虽然现在有一些人依旧在做拉人头招代理的模式，但是，根据这一年多来看过的真实案例，招代理模式发展起来的，基本上也就是一年左右的寿命。最终能够持久的还是以本书一直强调的零售为主，解决终端顾客的需求，产生口碑及回购。上面提到的这几个零售模式，希望对于小微企业操作微商，有一定的帮助。如果企业打算真正入驻微商，也要做好微信公众号的运营，这是具体的实操部分，下面会梳理一下公众号运营的流程。

6.5 企业微商公众号运营流程

借用微信的宣传语：再小的个体，也有自己的品牌！想起来“赢在中国”的商业实战决赛中，博洛尼的蔡明一直给郊区百货市场上的小贩讲“品牌”，当时真的感觉好笑，但细想起来，如果一开始就没有品牌定位，没想做大做强，那岂不是开始就输在了起跑线上！企业做公众号的目的就是要打造自己的品牌，本节就梳理一遍企业做公众号的步骤，让小企业做微商可以更快地上手。

1. 选择公众号类型

微信公众号分为三类：服务号、订阅号和企业号，如图所示。

微信公众号分类

服务号和订阅号的区别如下图。从中可以看出，目前微信支付还只能是认证的服务号才可以使用，而服务号每个月只能发4条信息。

功能权限	普通订阅号	认证订阅号	普通服务号	认证服务号
消息直接显示在好友对话列表中			✓	✓
消息显示在"订阅号"文件夹中	✓	✓		
每天可以群发1条消息	✓	✓		
每个月可以群发4条消息			✓	✓
基本的消息接收/回复接口	✓	✓	✓	✓
聊天界面底部，自定义菜单	✓	✓	✓	✓
九大高级接口				✓
可申请开通微信支付				✓

服务号和订阅号的区别

如果运营一个微商公众号，我们必须知道自己能添加什么功能，微商涉及到钱款支付或工资发放，则必须使用认证的服务号或企业号，订阅号是不可以的。认证过的订阅号和认证过的服务号相比，也有很大的不同，如图：要开微店和进行售后服务则建议选择服务号并认证，认证费用300元/次，认证后各项高级功能有效期是一年，到期需要再次认证（续费）。

功能权限	微信认证订阅号	微信认证服务号
多客服		✔
微信小店		✔
模板消息		✔
设备功能		✔
卡券功能	✔	✔
广告主	✔	✔
流量主（5W粉丝）	✔	✔

认证的区别

因为服务号可以开店、可以支付，而且不是显示在那一堆被折叠的订阅号里面，所以大部分微商选择的都是服务号。

2. 了解公众号的功能

在使用公众号之前，我们必须了解公众号的功能，这样我们才知道如何下手在公众号里做微商，以及能做什么！进入微信公众平台的后台界面，有6个选项：功能、管理、推广、统计、设置和开发者中心。

◎　功能：是指微商运营人员的主要操作，包括群发、自动回复、自定义菜单和投票管理。群发信息是每个粉丝都能看到的品牌推广信息；自动回复可以帮我们省掉很多客服，有类似客服机器人的功能；自定义菜单可以让用户一进入公众号就了解我们销售的产品或过去的精彩活动信息；投票管理一般帮助我们做调研，了解产品的一些反馈信息。

◎　管理：针对用户分类、与订阅粉丝间的往来消息和群发素材的一些管理。这里的分类很重要，我们可以针对不同的用户发布不同的信息，比如老用户我们可以发一些活动促进他们活跃；新用户则可以发一些优惠信息，促进购买。

◎　推广：这里的广告主和流量主都是为推广而生。要当广告主的，需要认证公众号，要当流量主的，粉丝必须在5万以上。如果企业有钱做推广，则可以使用广告主功能，这样吸引来的都是微信签字用户，利于转化。

◎　统计：后台能看到的各种数据，比如本周吸粉多少、掉粉多少、文章的阅读率、转发率等。利用这些数据可以帮助我们改善推广内容，看用户更喜欢什么类型的内容。

◎　设置：一些公众号的设置，还有微信认证的操作也在这个选项下，这里要单独说的一点是“安全中心”，因为微信公众号发布的时候绑定了个人微信号来验证，所以安全中心可以设置绑定了哪个管理员的个人微信号，还可以在每次群发前进行验证，当然也可以取消验证。

◎　开发者中心：是针对微信二次开发人员而言的设置。

每一个选项下面的具体功能参考下图。

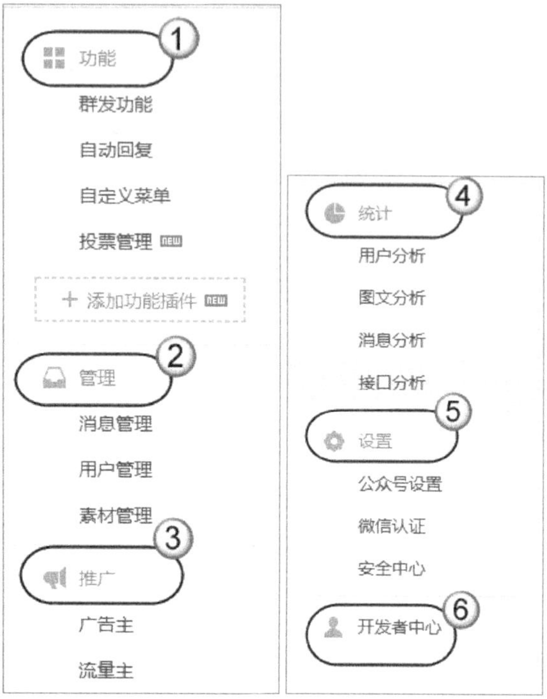

公众号的功能

3. 利用客服机器人

公众平台的自动回复功能很好，当我们没有客服人员在线时，可以用**自动回复作为智能机器人**来回答客户的问题。

自动回复的内容不宜冗长，由于微信闭环的特征，所以在语气上应该像朋友之间的问候一样，比如“你真是太有品位了”、“来了，坐!”当然，如果微信的平台定位是咨询类的，就得一开始告诉用户提供什么样的服务。公众号的自定义回复分为3类：被添加自动回复、消息自动回复和关键词自动回复。回复的内容有4种形式：文字、图片、语音、视频。

1）被添加自动回复

每个粉丝关注你公众号的时候，都会收到自动回复，除非那是没人运营的公众号。如果是自动回复一句“感谢关注”，那也太浪费这个功能啦。所有做运营的人都应该好好利用“被添加自动回复”功能，首先介绍本号能提供什么产品，然后再做一个导引。为了留住客户，再增加一些优惠，那是极好的，再增加点趣味的，更好！如图左侧送Uber优惠券，右侧获取“性姿势”。

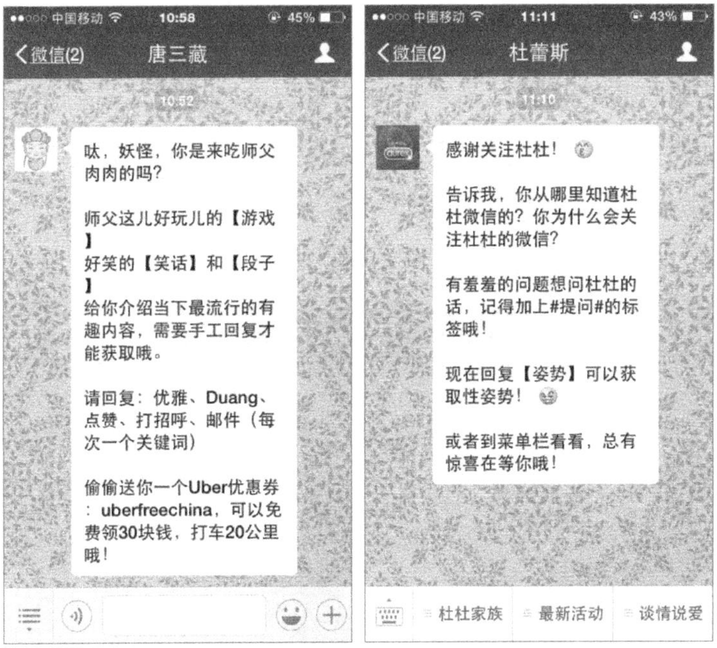

带优惠和趣味导引的自动回复

2）消息自动回复

当我们没法为用户服务时，至少要给一个解决方案，如上班时间是9:00-18:00，请您稍后再来！而一些有心的微商个人，则在自动回复中留下了自己的微信或QQ号，这样个人就可以24小时为客户服务。

3）关键词自动回复

关键词回复也像智能机器人，设计好关键词，用户只需要输入关键词，就能得到想到的答案，这也有点像“康熙字典”，查询某个词，就能知道它的意思。

提示：关键字自动回复设置规则上限为200条规则（每条规则名，最多可设置60个汉字），每条规则内最多设置10条关键字（每条关键字，最多可设置30个汉字）、5条回复（每条回复，最多可设置300个汉字）。

4）嵌入链接

所有的回复中，尽量在图文最后，给出一些其他产品的链接导引，这些产品与当前产品有相关性，这样客户也许能购买更多的产品。罗辑思维最下面的文字链接和商品链接如图所示。

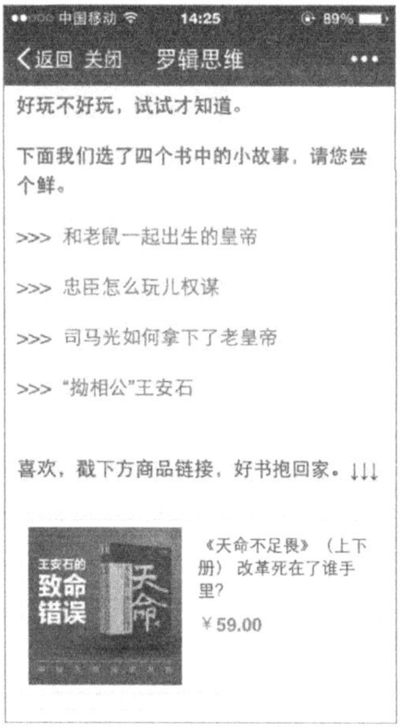

嵌入文字链接或商品链接

4. 对所有用户进行分组

我们在讲解朋友圈运营的时候也提到用户的分组功能，对于我们拥有大量客户的微商来说，因为针对不同用户有不同的营销策略，所以用户分组的设计不可或缺。

在后台用户管理的时候可以对用户进行分组，如代理用户、活跃用户、潜在用户。分组后便于日后可以有针对性地进行运营活动。微信的传播渠道主要还是在朋友圈，做好用户分组中代理用户的分类可以保证微信的持续活跃度。比如有500个代理，每个人至少100个好友，一篇文章如果被分享，那么看到的就有可能是500×100个人。

分组后最大的好处：

◎　让用户觉得你比较人性化，对他比较重视。

◎　精细化推广，让用户在最短时间获取自己所需，增加订单转化率。

5. 建立企业微信群

企业运营微信群，一是维护老用户、发展新用户，二是给将来新产品做调研，这是第一阵地。

微信群一般对人数有所限定：

◎　超过40人，群的邀请需要对方同意；

◎　超过100人，对方需要通过实名验证才能接受邀请，可通过绑定银行卡进行验证。

◎　目前微信群最多为500人，如果企业用户多，也可以建立多个微信群。

不是所有的微信群都是你的竞争对手，所以在宣传推广初期，也可以加入别人的微信群，给群主一点好处，然后在其他微信群发一些广告或软性图文。

6. 学会数据分析

微信公众号提供部分数据显示和统计功能，例如关注人数的增加和减少、图文阅读量等信息，这些都是微信公众平台上的常规显示数据。公众平台为我们提供的数据分析有四种：用户分析、图文分析、消息分析和接口分析。

1）用户分析

用户分析包含了公众号中用户的分析数据，包括用户的增长来源、用户所在地等，而且这些数据都以分析图表的形式给出，既直观又简洁。微信提供的用户分析包含两部分：用户增长和用户属性。

用户增长部分包含了有关用户数量的指标和增长来源。关键指标包括：新增人数、取消关注人数、净增人数、累积人数，如图所示。

用户增长

增长来源则是运营人员必须每天查看的数据，用户从哪里来，是扫描二维码，还是直接搜索公众号，还是搜索我们微信名称，还是通过名片分享，或是图文消息右上角菜单？这决定了我们下一步运营工作的重点。这些增长来源都可以使用趋势图来查看。

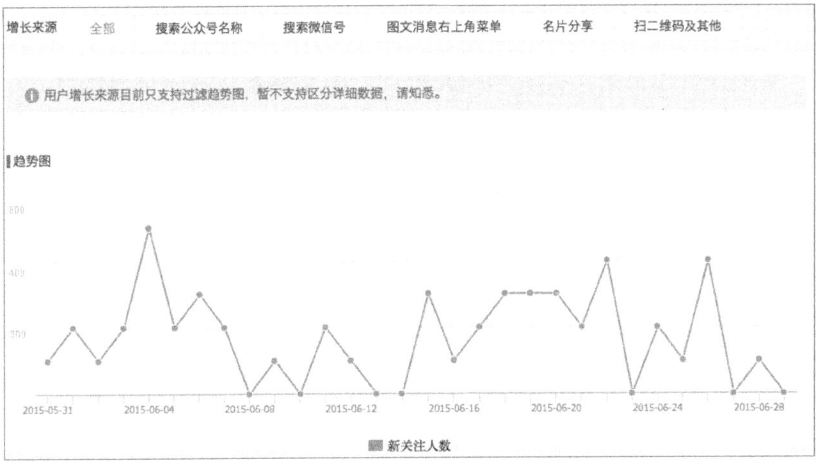

增长来源

用户属性的分析包括用户的性别、语言、所在省份。我们可以根据性别来进行有针对性的运营，如果女性用户居多，我们投放广告可以选择一些购物型社区或群组。所在省份也很关键，如果北上广地区的用户很少，而二三线城市的用户居多，那我们的产品定位是否正确？省份分布也是以图例的方式给出。

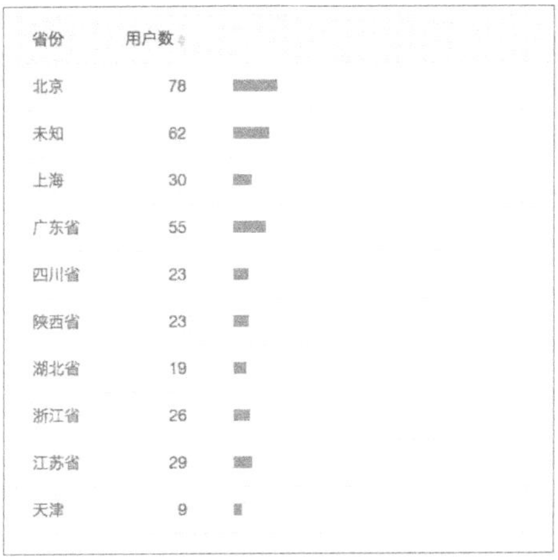

省份	用户数
北京	78
未知	62
上海	30
广东省	55
四川省	23
陕西省	23
湖北省	19
浙江省	26
江苏省	29
天津	9

省份分布

2）图文分析

图文分析包括图文群发和图文统计。图文群发包含以下三部分。

◎ 所有图文：可以选择选定时间内的图文，或者指定按标题搜索，会显示图文对应指标的数据。

◎ 图文详解：显示具体某天发表的图文相关的数据。

◎ 图文对比：将1个或者多个图文，通过“所有图文”界面的“加入图文对比”链接加入到图文对比区。图文对比页就是把1或多个图文排到一起来方便对比查看。

图文对比效果如图。

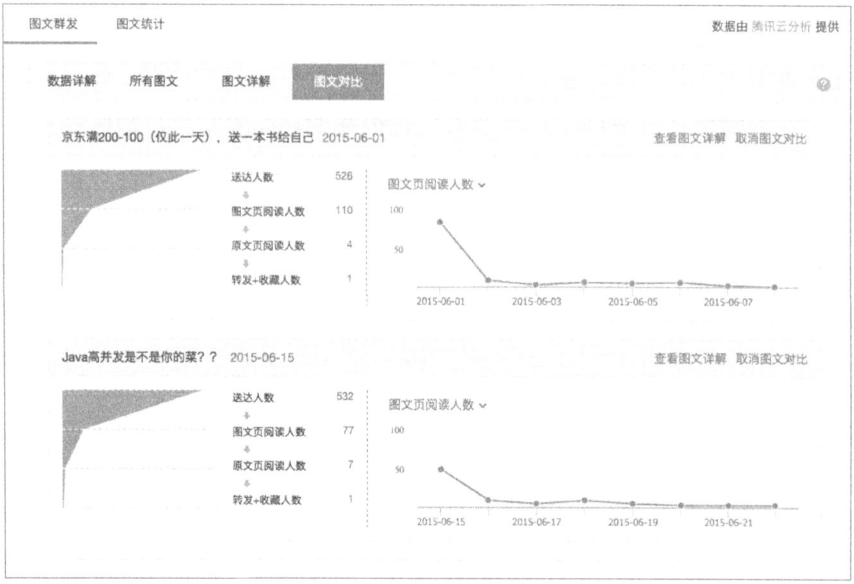

图文对比

图文统计可以看到用户的阅读渠道主要在什么地方，如朋友圈阅读的多还是腾讯微博阅读的多。

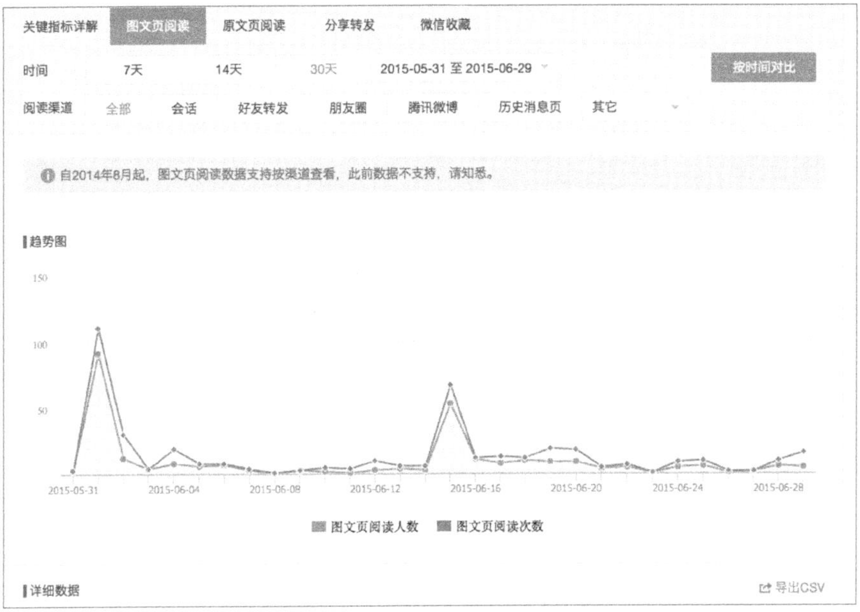

图文统计

3）消息分析

消息分析的部分包括包括消息分析和消息关键词。消息分析会针对昨天粉丝主动的消息发送人数、次数变化，以及与前天、7天前、30天前进行对比，体现为日、周、月的百分比变化。关键词则说明了粉丝对什么最关心，如果公众号设置了各种“关键词自动回复”功能，则也可以根据关键词出现的频率查看粉丝对什么信息更关注。

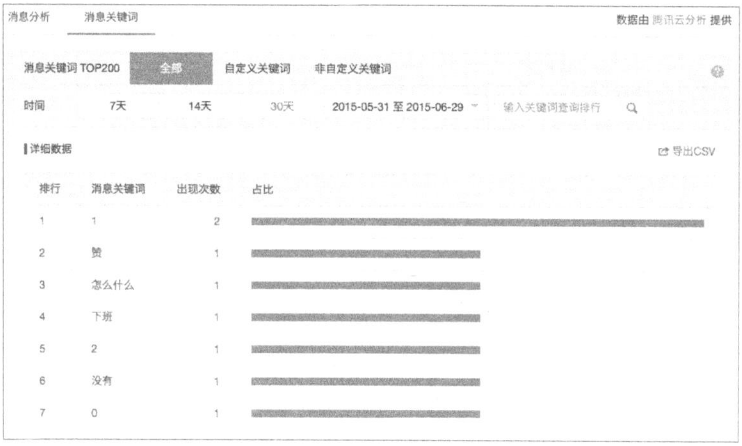

关键词分析

4）接口分析

接口分析只对成为了开发者的用户可见，且无须开启开发模式即可显示。它用来分析接口的一些调用次数和调用时间，有日报和小时报两个时间段的选择。

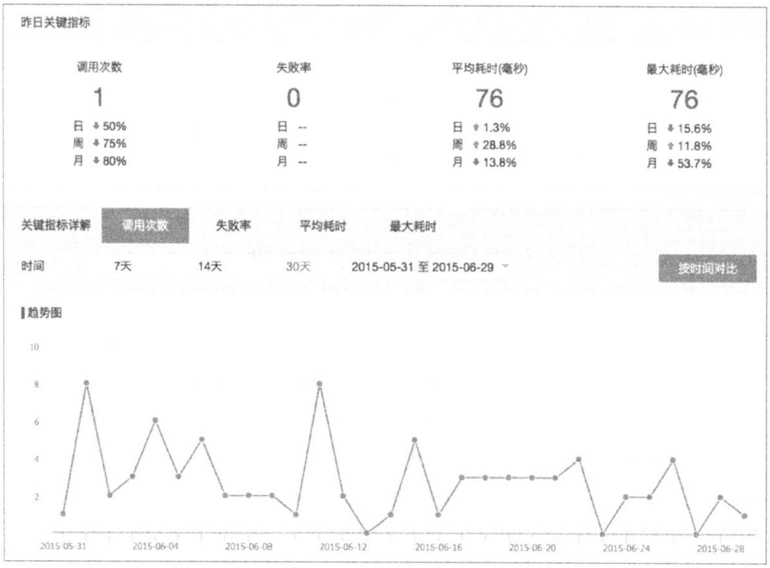

分析接口的一些调用次数和调用时间

7. 善用工具管理内容

没有工具，运营公众号的工作会非常烦琐，可能一天就只够做一个HTML 5页面的，或者在发布图文信息的时候，我们可能一上午都在调整行间距和段落间隔了。有了工具才能事倍功半，尤其是对于企业来说，一般只会或者只有能力安排一个人来负责公众号的管理，那效率提升就尤其重要了。我们主要介绍微商常用的编辑和宣传工具。

1）微信编辑器

使用微信自带的编辑器，是不是觉得很不习惯，甚至有些运营人员刚开始连段落首行缩进都不知道如何处理，有了微信编辑器，宣传效果会大增。

首先推荐秀米，官网是http://xiumi.us/，我们可以轻松选择各种格式，为图文进行排版！模板从色彩搭配到创意，都给人眼前一亮的感觉，图文设计界面如图所示。

秀米

缺点：因为涉及到的设计元素比较多，在设计图文界面时，会有闪屏的感觉。

其次推荐i排版，官网是http://www.ipaiban.com/，它的目标是“三分钟，给你一篇漂亮的图文”，目前只能通过微信扫一扫功能来注册，注册后可在PC端操作。i排版可以清空样式后一键排版，也有标题、卡片、图文的模板，最关键的还有签名设计，一般可以放在图文的最后（包含你的二维码哦），这样每次只需轻轻一点，再也不用为最后的公众号签名发愁了。i排版的编辑界面如图所示。

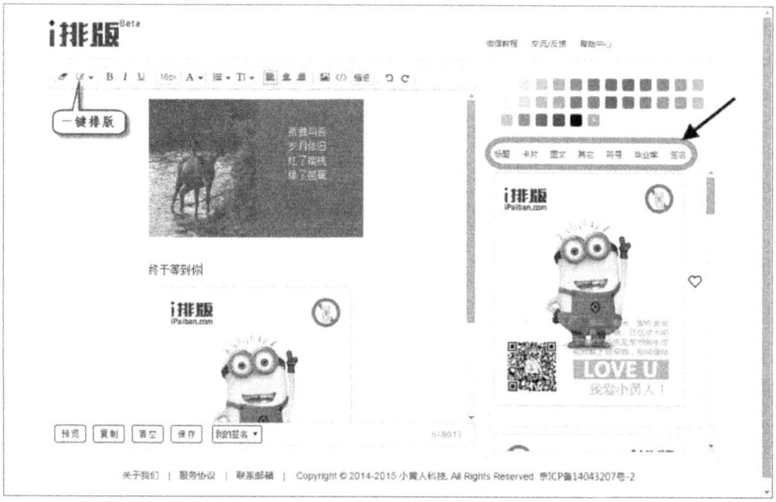

i排版

用编辑工具和不用编辑工具的区别真的很大，下图就是一个对比，相信明眼人一看就知道。

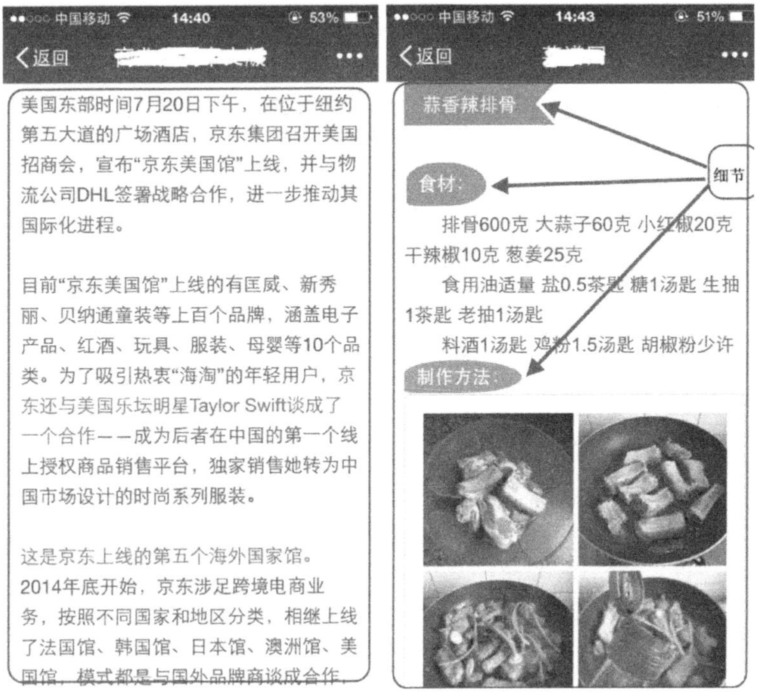

对比图

2）免费H5制作工具

H5（HTML 5的简称）可以在会议通知、招商、产品发布等情景下使用，其主要功能是实现炫酷的动画切换、报名功能等。

这里推荐易企秀，官网是http://eqxiu.com/#/home，注册之后可以创建场景，场景可以分为多页，可以设计每一页的动画效果，在左侧还提供动画模板，也可以设计背景音乐。易企秀除了设计H5图文内容外，还提供免费的报名表、留言、联系等模板。所有功能符合它的口号：简单、免费、强大、有用、贴心。易企秀的编辑界面如图所示。

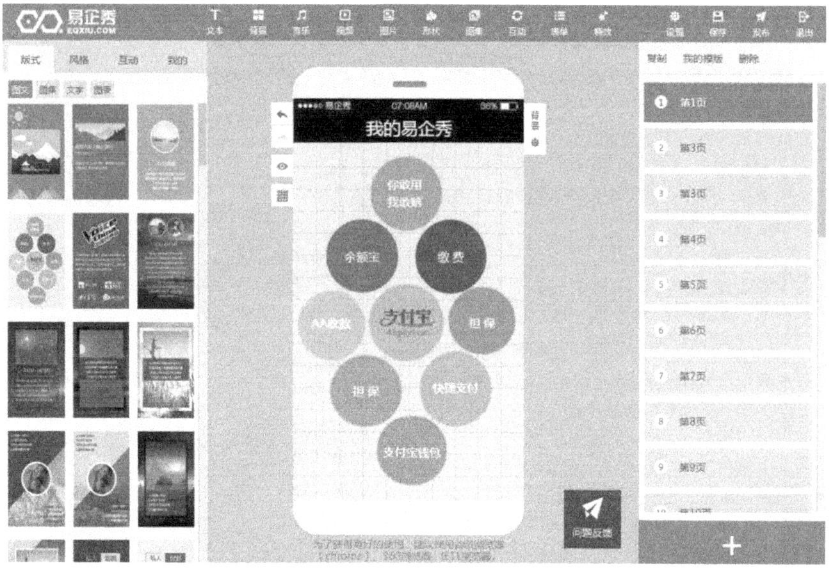

易企秀的编辑界面

8. 制作推广计划

设计好我们微商的公众平台后，我们要做一个计划，如何让更多的人看到我们的产品软文，而且还要让人印象深刻。这里通过四步来介绍：软文、软文地点、活动推广、数据统计。

1）软文

我们在介绍朋友圈运营的时候已经说过如何发布软文和制作软文标题，在公众号里，建议发布的软文尽量是图文或漫画性质，不要纯文字，现在人是没耐心的，漫画可以选择“暴走漫画”的制作器，各种流行漫画或素材里面都有。

2）发布软文的地方

推广的地址这里简单推荐几个，实际有人的地方就有江湖，多去江湖逛逛，总能吸粉三两个，最常用、最好用的地方如图所示。

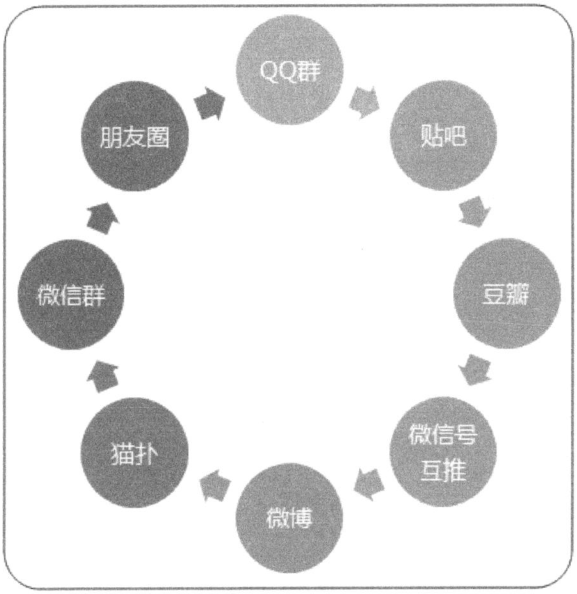

能推广的地方

这里还要设计好内容更新的频率，如每天更新、每周更新，自己前期就要有一个规划。

3）活动推广

活动推广是吸粉界的头号利器，设计得越好玩，大家越有参与的兴趣，比如H5微信工具，推荐大家都用这个工具来参加比赛，比赛题目是“老百姓都喜欢的美白绝技”，这样不仅能推广自己的工具，还引起了界内的关注度。

普通公众号进行活动有些难，活动奖品、活动类型都比较受限，所以刚开始活动奖品可以给一些好玩的小礼物（自备），活动就选择人人都能参与的“朋友圈点赞”，集齐多少个赞有奖品，当然不是无限量了。

4）数据统计

前期就要给自己设计一个目标值，如每周增粉1000个，进行推广后，每天都要查看微信后台的数据统计，比如来源，通过什么来源获取的用户多，则可以加大推广这种推广方式。

每周可以发布不同标题的软文，看看哪周增粉最多，也就是大家最关注什么题材，有句话说得好：目光所及之处，金钱必然追随。虽然大家都喜欢跟风，但还是要跟出自己的特色。

第7章 通过用户需求点来看微商趋势

猴年开始了，很多人的新年规划都是2016年1月开始规划的，但是更多的都会选择以农历春节后开始上班的时间来规划一年的工作目标！新年是很好的一个寓意，但是对于微商这个行业，各家都有不同的言论。一些做微商赚到钱的，都觉得猴年的微商猴赛雷；但也有一些大咖之前看好微商，现在又觉得微商走下坡路，根本没法干了。当然了，还有各种各样的观点，但是微商，就在这儿！之前是想要做微商的个人代理非常多，现在是想要做微商的企业越来越多。这个行业未来的走势到底如何，是进入到了探底回升期，还是未来会持续下跌？本章只代表笔者个人观点。

微商的未来何去何从

7.1 代表性大咖对于微商趋势的观点

先说说一些有代表性的大咖对于微商的观点，也就是微商行业比较知名的“万能的大熊”老师，他之前非常看好微商。现在他的观点是：微商招代理不行了（这点很多微商从业者都能明显感受到），同时呢，微商零售也没办法做起来。他的说法是，**按照百分之几的成交率，100个好友中，只有几个人能够成交，零售的利润本身又比较低**，微商代理每天也加不了几个人，基本上就是根本赚不到什么钱。他是用电商的转化率思维来看待这个问题的。

再说另一位大咖对于微商的观点，也是微商行业比较知名的龚文祥老师，他就比较看好微商，而且非常看好微商零售，之前他就发布一条微博说，**微商成交率可以达到10%，每天和30个顾客交流，每单利润达到100元，这样月收入就可以上万了**。

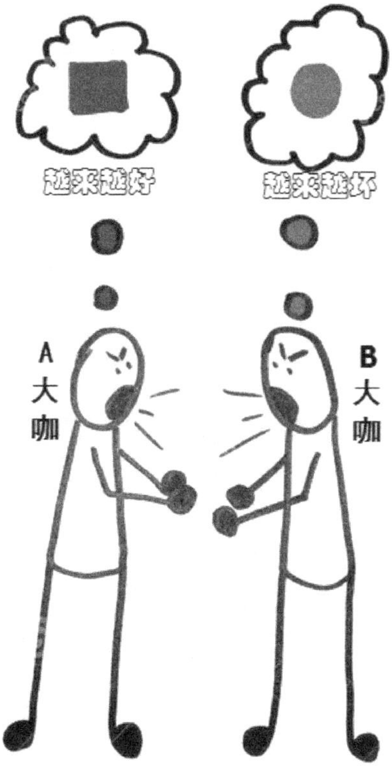

说好说坏都有

作为一名一直在微商一线实践的从业人员，笔者只能说，自己接触的产品品类不算多，所表述的也仅代表个人观点。两位大咖的观点都是站在微商行业的角度来分析的，为什么会出现那么大的差异，他们言论中的一些数据的来源和根据又是什么？笔者觉得可能是他们自身获取数据的来源不同。笔者对自己的产品实践所得的数据，与他们的都不同，我们的转化率可以达到**20%**以上，新手上手也可以达到**10%**以上。我不敢保证代理能做到月入上万，但是一个月赚个几千块钱还是很有信心的（与产品的利润及代理的执行力度有关）。当然了，我们的数据，只是针对自己的产品，其他的产品具体如何，以及这个行业到底如何，我想通过用户需求购买点为切入口，结合通过一些渠道获取的数据，具体来分析一下。

7.2 微商能够满足顾客怎样的需求

用户购买的原因很多，但总的说来，顾客需要一个产品来解决他遇到的问题。饿了，买吃的；冷了，买穿的。

首先我们要找到一群需求点未被解决的顾客群，经常有人用痛点、痒点来形容顾客的需求，然后还有一个G点来形容让顾客满意的程度。

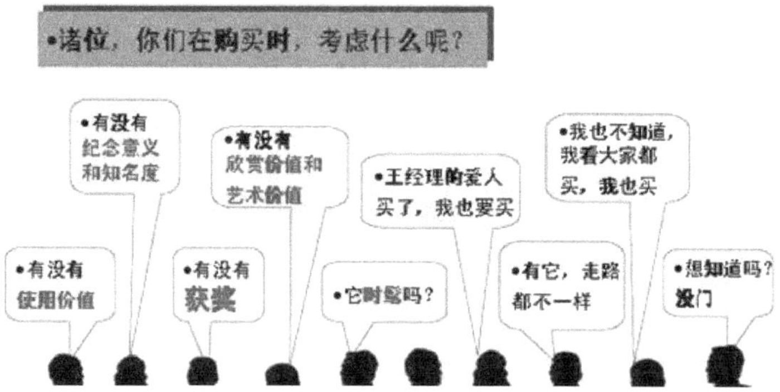

顾客购买需求

当我们找到了一群有需求的用户以后，就可以提供相应的服务去满足他们。淘宝起初是价格取胜，因为大家都有省钱的需求。京东起初是正品+低价，因为大家不仅仅想要省钱，还对品质有需求。大家选择便利店，是因为缺少的东西顺手就能买到，不用跑那么远；选择大商场、大百货的原因，因为一次性可以买齐家里缺少的所有东西。

可是微商呢？微商能满足顾客的什么需求呢？

现在先把微商分成两波，**前一波微商迅猛发展，它满足了人们赚钱的需求**。这点应该没有人质疑。之前几乎凡是做微商的，都是招代理，各种微商团队，迅速发展成几千人，几万人，几十万人，甚至上百万人的团队，也因此造就了不少微商神话。但是商业有其自身的规律，市场就那么大，做的人多了，竞争就大了，最终的结局就是，很难有新代理加入，没有新人的进入，最后加入的人找不到接盘者，又因为市场是急速爆发起来的，不是稳步上行，最终只能是形成断崖式的下滑，而非缓步下降！炒股的都知道，利好利空消息对于严格的技术分析者来说，并没有多大的参考价值，股价的走势就实实在在地反映在盘面上，资金的流动方向，多空力量的转换，才是进入卖出的关键点，微商从2014年初就有很多大咖和媒体看衰，但是2014年全年是发展最迅猛的一年！

现在微商开始进入了后一波，也就是零售，对于零售这块，微商能够满足顾客的什么需求呢？我们都知道，微信也好、QQ也好，加好友都是有容量的，就是你能够加到的人群量是有限的，微信是5000人，QQ是2000人。但是微博和微信公众号就不同，他们就没有粉丝数量的限制。可是话又说回来，微信和QQ，你可以开通无限多个号，这样你的好友量也就不存在限制了。虽然都可以设置成容纳无限多的好友，但因为我们本身能力的不同，导致能够加到的好友量不同。不管好友是多是少，**微信、QQ、微博等，我们都可以留住对方的账号**，而不像淘宝等电商平台，顾客来了之后，如果不跟你聊天，你都不知道谁来看过你的店铺。

既然我们能够留住对方的账号，能够跟对方有持续性的沟通和交流，**微商的一大优势就是持续沟通。我们能够持续地跟踪顾客，引导顾客来成交，这是其他的平台都难以做到的。**

持续沟通

之前和一位电商高手交流，他就在思考一个问题，为什么淘宝的成交率超过10%都难，剩下的90%的顾客都去哪了，为什么不来成交？微商就解决了这个问题，**销售中有句话是超过40%以上的成交是在跟顾客见面7次以上才有的**。也就是持续地跟顾客沟通，可以提升成交率达到40%以上。要想再获得剩下60%的人群，只要你有超强的成交方案，机会还是有的，因为顾客都加你为好友了，你的信息只要触达到他那儿，能够吸引到他，那就有机会。但一般的电商平台，就没有这样的机会了。因为，如果进店没有成交，商家很难知道进店的人到底是谁，更谈不上后续的联系了。

7.3 微商零售到底怎么做

既然微商满足顾客的需求优势有了，那做微商零售到底能不能赚钱呢？下面笔者就针对几个有特点的类别产品来讲述下。

微商零售

1. 高价标品

高价产品，真的非常适合做微商，这种产品利润高，卖出一件，利润少说也有几百，对于一般代理，一个月收入多少，就看你自己的努力了。一般来说，**人们购买高价的产品，都会比较慎重**，比如买珠宝、首饰，除了壕们刷卡会非常大方，多数人会比较谨慎，会通过各种渠道去了解。这就给我们与顾客持续沟通创造了机会。

笔者的QQ好友里有个做玉器的，他之前是在国外挖玉石，然后制作玉石，后来回国开了个玉器店，正好微商比较盛行，于是也通过微商来销售自己的产品。他通过在百度贴吧发布免费送玉器来跟玉器爱好者结缘，然后一个月也能做十几万的营业额。但是他还是在不断地学习，因为他认识一个同行，一个月能做几百万的营业额。

2. 功效型或差异化产品

功效型及差异化的产品是非常适合做微商的，这种产品一般价格较高，利润也在100元上下，所以，用心做会有比较不错的收入。这类产品和高价标品一样，**顾客因为对于产品的了解比较少，不清楚不同产品之间有何不同的差异，因此购买时也会比较慎重**。万一买的产品功效不好，就会有一种比身边的朋友挫的感觉；如果买的产品功效好，自己用着好是一方面，另一方面是在朋友面前也比较有面子，具体的顾客心理分析在第4章的人性思维一篇有详细的介绍。

因为顾客不懂产品，这就需要我们从各个角度去向顾客展示产品的优点，电商平台虽然有详情页可以展示，但毕竟详情页展示得比较有限，我们通过朋友圈动态、微博内容发布、QQ空间说说不断地去发布产品信息，能够让顾客对产品有更全面的认知，同时还可以通过私聊去了解顾客的问题点，让顾客无后顾之忧，进而选择跟我们成交。

现在微商里卖得比较多的护肤品就属于这种功效型的产品，不同的护肤品有不同的侧重点，同种功效的产品，达到的效果也有比较大的差异，顾客选择的时候就会比较慎重，我们就能够有机会跟顾客进行深入的交流，让顾客更好地认知我们的产品。

比如卖面膜，面膜的种类太多了，按照功效来分，有提亮肤色、美白、补水、祛痘、清洁等；按照材质有深海黑泥、红景天、苹果干细胞等，按照形态有膏状的，还有无纺布的、还有蚕丝的等；按照价格分，又有不同价格挡位的。不同的面膜功效也有差异，顾客想要购买，也比较难区分，不清楚不同面膜之间的区别，那我们就可以通过持续地跟顾客沟通，让他对我们的产品产生信赖。

我有一个网友，他就是做面膜，原本我就觉得面膜这个产品竞争太大了，你再去选择在微商上卖面膜，这真的就是找死，不过他说他是红景天面膜，材质很独特。我开始就好奇了，我就说，顾客会因为你是红景天做的就来选择你吗？后来跟他交流他说红景天是去西藏要用到的，预防高原病的，于是我就用百度搜索了一下，发现这个产品用户搜索量比较大，就是很多人对红景天都有认知，但是红景天面膜非常少。至此，我才发现，这是一个非常好的机会。不过他已经对红景天面膜这块注册了专利还有商标，其他想进入这块的，估计只有跟他谈合作了。

差异化

3. 低价标品

高价产品及功效性差异化的产品，一般个人微商代理做得会比较多一些，而低价标品类的产品，一般企业自己操盘的会较多，他们一般都是选择三级分销平台，比如微巴人人店等，很多入驻的商家都以这种产品为主。低价标品因为利润相比之下较低，但用户对于服务的需求较少，方便我们对于顾客进行整体的运作管理沟通，而不用一对一地服务，对于低价标品，该怎么操作呢？

既然是标品，而且产品之间的差异非常小，一般来说，**顾客选择你，价格是一方面，另一方面就是便捷性，及购买习惯**。现在比较多的低价标品，消费频率一般都比较高，所以，只要让顾客习惯了在你这里购买，那么单个顾客能够贡献的长久利润就非常高了。

这样的产品，**最好再搭配一定的活动优惠，然后再附带关联销售，就能够很好地促进零售**。对于这种产品的销售，获取顾客时往往需要价格上有一定优惠，顾客购买我们的特价产品，然后关注了我们，有了比较好的体验之后，又因为我们经常发布产品信息，顾客在产品用完之后，看到了就会产生继续购买的兴趣；如果我们价格适当优惠点，那顾客就更愿意选择我们。我们可以再适当地搭配些其他产品，做成一个优惠套餐，然后还可以出售一些独家代理的产品来获取利润。当顾客连续多次在你这里购买以后，养成了习惯，那后续持续购买，为商家贡献的利润就非常可观了。

所以，**前期以活动来增加客源，之后，再持续运营顾客，运营往往就需要多做一些有趣、好玩、优惠的活动**。如何做活动会有更好的效果呢？这些问题很多的三级分销商城开发者都有现成的工具。微商三级分销人人店在店铺的活动设置这块有几个比较好的工具。这些工具结合了人性因素，能够快速地获取顾客提升销量，同时对于后期的顾客运营也有很大的帮助。我来举几个比较不错的功能给大家说说。

1）人人夺宝

这个类似于众筹抽奖，就是一款产品，每个人只要花1元钱就可以抽奖，这款产品是50元，如果有50个人参与，就有1个人获得，100个人参与就有2个人获得。因为这个产品都是平时用得到的，所以大家的参与性还是比较积极的。而且商家相当于原价销售，不亏本，既能获取新顾客，又能调动老顾客的积极性。

1元夺宝

2）拼团

这个功能就是，参与购买的人越多，价格就越便宜，原价50元的一款产品，如果一个人购买，就要花全价购买，5个人购买只要40元，10个人购买只要35元，20个人购买只要30元。购买的人数越多，商家的拿货成本越低，总体来说商家是不亏的，而且多数人购买比较难凑到比较多的人，所以，只要人数相对较少，商家一次性卖出多几件，顾客又获得了实惠。这个有点像病毒营销，通过老顾客来去带动新顾客。既能获得新顾客，又能让老顾客获得实惠。

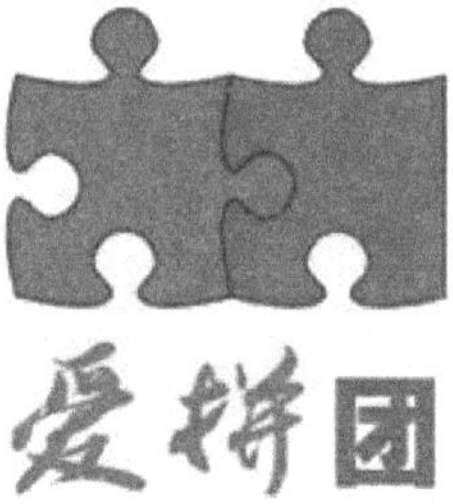

爱拼团

3）好友砍价

顾客想购买一样东西，但是想以更低的价格购买，那就只要让好友来帮忙砍价就好，所谓的砍价，其实就是让好友点击页面的一个按钮，点击一下价格就会降低一些。这样做的好处就是购买者得到了低价实惠，而商家因为购买者让好友来砍价，获得了一定的宣传。

好友砍价

这些活动一方面能够大量地获得新用户，又能调动老用户的积极性。当用户习惯于在我们的店铺购买以后，店铺可以针对对顾客的分析，开发一些适合自己顾客群、同时又独家的产品，来获取大量的利润。

接下来用上面的几个活动搭配达到的效果来举例说明。

马蹄岗商城人人店使用“拼团”功能来策划活动。2015年12月15日，马蹄岗商城人人店推出“赣南脐橙5斤装中果”的好友拼团活动。开团仅3小时，销售额7196元，订单量781单，发展分销商142人。订单量大得完全超出商家预期。

拼团

12月20日，借助“好友砍价”，马蹄岗商城立马推出第二波活动：关注微信公众号和微商城，即可发起砍价，邀请好友帮忙，最低能砍到15.8元。截至12月22日（砍价活动开展2天），已有355人参与砍价。

好友砍价

通过前面的分析，微商到底能不能做、做了以后能不能赚钱、微商未来的趋势到底如何，相信大家都非常明确了。微商是有优势的，社交工具的优势在于可以跟顾客进行持续沟通，沟通的次数越多，成交率会越高。当然还有其他一些类别的产品，这里没有讲到，但具体的问题具体分析，相信只要适当调整，在微商平台一样也可以获得很好的销量。比如之前做电商，谁能想到电商平台可以卖床、卖地板砖、甚至卖车，都有解决的方案。

最后，笔者提一句：方法都是人想出来的，关键你要去做！